汽车火灾理赔实务及案例解析

李景芝 冯传荣◎等编著

机械工业出版社
CHINA MACHINE PRESS

本书是作者根据长期从事对各类汽车火灾事故鉴定的实践经验以及对多家保险公司、保险公估公司车险理赔人员的培训心得编著的，介绍了汽车火灾保险理赔分析、汽车起火的预防与施救，重点对汽车火灾进行了案例分析。

在本书的内容组织和写作风格上，实用性是其主要特色，每个案例都是按照“案情简介、本案分析、本案结论、本案启迪”四部分来组织写作的，可以给读者以清晰的分析思路和读后启迪。

本书非常符合财产保险公司汽车保险事故查勘定损、核赔、核损工作岗位的实际需要，也适合作为院校汽车保险理赔专业在校学生的学习用书。

图书在版编目（CIP）数据

汽车火灾理赔实务及案例解析 / 李景芝 冯传荣等编著
－北京：机械工业出版社，2013.7
ISBN 978-7-111-43276-0

Ⅰ.①汽… Ⅱ.①李… ②冯… Ⅲ.①机动车－驾驶员－资格考试－题解 Ⅳ.①U471.2-44

中国版本图书馆CIP数据核字（2013）第077808号

机械工业出版社（北京市百万庄大街22号 邮政编码 100037）
策划编辑：赵海青　　责任编辑：赵海青　丁　锋
封面设计：马筱琨　　责任印制：乔　宇
北京汇林印务有限公司
2013年9月第1版第1次印刷
184mm×260mm · 10.25印张 · 214千字
0001-4000册
标准书号：ISBN 978-7-111-43276-0
定价：59.00元

凡购本书，如有缺页、倒页、脱页、由本社发行部调换

电话服务	网络服务
社服务中心：（010）88361066	教材网：http://www.cmpedu.com
销售一部：（010）68326294	机工官网：http://www.cmpbook.com
销售二部：（010）88379649	机工官博：http://weibo.com/cmp1952
读者购书热线：（010）88379203	**封面无防伪标均为盗版**

前 言

近几年来，随着改革开放的日益深入，国民经济的高速发展，居民收入的连年增加，使许多人具备了购买汽车的经济实力。汽车消费的政策、观念、环境也得到了很大改善。因而，我国居民对汽车的消费需求越来越大，汽车逐渐走进了寻常百姓家。国内汽车的产量、保有量连创新高：就汽车产销量而言，2012 年我国累计生产汽车 1927.18 万辆，销售汽车 1930.64 万辆，已经成为了名副其实的全球第一大汽车生产王国；就民用汽车保有量而言，近年来同样获得了大幅度增长，截至 2012 年底，国内民用汽车保有量为 12089 万辆（含 1145 万辆农用车），私人轿车保有量达 5308 万辆，占全部汽车保有量的 88.63%，成为了仅次于美国的全球第二大汽车保有量的国家。另外，我国的机动车驾驶人数量在 2011 年底也超过 2.3 亿。汽车，已经渗透到了社会生活的方方面面，形成了一个庞大的汽车后市场。

作为汽车后市场的一个重要组成部分，汽车保险的市场份额非常庞大，而且还会越来越大。具体体现在：作为评价保险深度重要指标之一的保费收入，2012 年全国财产保险保费收入 5529.88 亿元，其中车险业务获得的保费收入占三分之二以上；在整个保险领域，目前几乎所有财产险公司，都以开展机动车保险作为自己的主要经营收入，同时也是各家财产保险公司宣传企业与产品的重要窗口；在财产保险领域，从事汽车查勘定损、核保核赔的人员越来越多。

车险理赔是汽车保险业务的售后服务工作，其质量好坏直接影响着保险公司赔付额度的多少和广大被保险人对保险公司服务质量的认可程度，间接影响保险公司以后的承保业务数量和客户续保的积极性。因此，各家保险公司均十分重视理赔工作的质量。

汽车保险的车辆损失事故有多种类型，如碰撞事故、盗抢事故、水灾事故、火灾事故等。其中，碰撞事故在所有汽车保险事故中发生的概率最多；盗抢事故是保险公司损失最为彻底的；水灾事故存在着电器件性能判别的模糊问题；而火灾事故则存在着较大的道德风险，是保险公司查勘定损人员感觉最为头疼的损失原因判断类型。

本书是编著者根据多年来对各类汽车火灾事故亲自鉴定的实践经验以及对多家保险公司、保险公估公司车险理赔人员的培训心得编著的，以期对广大车险从业人员甄别火灾事故的业务素质提高有所帮助。

本书共分三章，在介绍了汽车火灾保险理赔分析、汽车起火的预防与施救之后，重点对汽车火灾进行了案例分析。由于作为本书重点内容的汽车火灾案例全部来自于实际发生的火灾鉴定，因此，非常符合财产保险公司汽车保险事故查勘定损、核赔核损工作岗位的实际需要，也适合作为院校汽车保险理赔专业在校学生的学习用书。

本书由山东交通学院李景芝、山东司法鉴定中心冯传荣等编著，具体参与编著的人员有：李景芝、冯传荣、孟冰忱、袁锡仓、孟祥录、赵长利。全书由李景芝统稿。

在本书编写过程中，除了所列参考文献外，还参考了许多国内报刊、网站出版、发表的相关内容，以及部分保险公司的培训内容，在此对原作者、编译者表示由衷的感谢。

由于编者水平有限，书中可能存在某些差错，敬请广大读者、行业从业人员批评指正，我们不胜感激。

编著者

目录 contents

contents 目录

目录 contents

第一章 汽车火灾保险理赔分析

第一节 相关保险条款解读

投保的汽车起火燃烧，必定会产生相关的损失，甚至是十分严重的损失。这就涉及汽车的保险理赔问题。

汽车起火燃烧之后，作为投保机动车的第三者车来说，则可能构成机动车交通事故责任强制保险条款（简称“交强险”）、机动车第三者责任保险、附加交通事故精神损害赔偿责任保险项下的赔偿对象；作为标的车来说，可能构成车辆损失险、自燃损失险、车上人员责任险、车上货物责任险、机动车停驶损失险、新增加设备损失保险、指定专修厂特约条款等险种项下的赔偿对象。

一、交强险

1. 保险责任

在中华人民共和国境内（不含港、澳、台地区），被保险人在使用被保险机动车过程中发生交通事故，致使受害人遭受人身伤亡或者财产损失，依法应当由被保险人承担的损害赔偿责任，保险人按照交强险合同的约定对每次事故在下列赔偿限额内负责赔偿：

1）死亡伤残赔偿限额为 110000 元；医疗费用赔偿限额为 10000 元；财产损失赔偿限额为 2000 元。

2）被保险人无责任时，无责任死亡伤残赔偿限额为 11000 元；无责任医疗费用赔偿限额为 1000 元；无责任财产损失赔偿限额为 100 元。

死亡伤残赔偿限额（有责、无责）项下负责赔偿丧葬费、死亡补偿费、受害人亲属办理丧葬事宜支出的交通费用、残疾赔偿金、残疾辅助器具费、护理费、康复费、交通费、被扶养人生活费、住宿费、误工费，被保险人依照法院判决或者调解承担的精神损害抚慰金等。

医疗费用赔偿限额和无责任医疗费用赔偿限额项下负责赔偿医药费、诊疗费、住院费、住院伙食补助费以及必要的、合理的后续治疗费、整容费、营养费等。

图 1-1 车祸现场起火燃烧烧死第三者车上的人员

图 1–2 起火的标的车烧毁了隧道入口

由此可见，只要标的车的起火燃烧给第三者造成了财产损失或人身伤亡，保险公司就需要按照条款规定给予赔偿（构不成保险责任的除外）。图 1–1 所示为在车祸现场起火燃烧烧死第三者车上的人员，需要由交强险给予 11 万元的死亡伤残赔付，不足部分由商业三者险或车主个人承担。图 1–2 为起火的标的车烧毁了隧道入口，需要由交强险给予赔付不超过 2000 元的维修费，不足部分由商业三者险或车主个人承担。

2. 垫付与追偿

被保险机动车在以下四条之一的情形下发生交通事故，造成受害人受伤需要抢救的，保险人在接到公安机关交通管理部门的书面通知和医疗机构出具的抢救费用清单后，按照国务院卫生主管部门组织制定的交通事故人员创伤临床诊疗指南和国家基本医疗保险标准进行核实。对于符合规定的抢救费用，保险人在医疗费用赔偿限额内垫付。被保险人在交通事故中无责任的，保险人在无责任医疗费用赔偿限额内垫付。对于其他损失和费用，保险人不负责垫付和赔偿。

1）驾驶人未取得驾驶资格的。

2）驾驶人醉酒的。

3）被保险机动车被盗抢期间肇事的。

4）被保险人故意制造交通事故的。

对于垫付的抢救费用，保险人有权向致害人追偿。

3. 责任免除

下列损失和费用，交强险不负责赔偿和垫付：

1）因受害人故意造成的交通事故的损失。

2）被保险人所有的财产及被保险机动车上的财产遭受的损失。

3）被保险机动车发生交通事故，致使受害人停业、停驶、停电、停水、停气、停产、通信或者网络中断、数据丢失、电压变化等造成的损失以及受害人财产因市场价格变动造成的贬值、修理后因价值降低造成的损失等其他各种间接损失。

4）因交通事故产生的仲裁或者诉讼费用以及其他相关费用。

二、机动车第三者责任保险

1. 保险责任

保险期间内，被保险人或其允许的合法驾驶人在使用被保险机动车过程中发生意外事故，致使第三者遭受人身伤亡或财产直接损毁，依法应当由被保险人承担的损害赔偿责任，保险人依照保险合同的约定，对于超过机动车交通事故责任强制保险各分项赔偿限额以上的部分负责赔偿。

图 1–2 中的标的车烧毁了隧道入口，交强险赔付的 2000 元肯定不足以修复隧道，这就需要由商业三者险负责承担。

2. 责任免除

1）被保险机动车造成下列人身伤亡或财产损失，不论在法律上是否应当由被保险人承担赔偿责任，保险人均不负责赔偿：

①被保险人及其家庭成员的人身伤亡、所有或代管的财产的损失。

②被保险机动车本车驾驶人及其家庭成员的人身伤亡、所有或代管的财产的损失。

③被保险机动车本车上其他人员的人身伤亡或财产损失。

2）下列情况下，不论任何原因造成的对第三者损害赔偿责任，保险人均不负责赔偿：

①地震及其次生灾害（图 1–3）。

②战争、军事冲突、恐怖活动、暴乱、扣押、收缴、没收、政府征用。

③竞赛、测试、教练，在营业性维修、养护场所修理、养护期间（图 1–4）。

图 1–3 日本福岛地震引发的房屋及汽车起火燃烧

图 1–4 在汽车维修厂被起火烧损的维修车辆

④利用被保险机动车从事违法活动。

⑤驾驶人饮酒、吸食或注射毒品，被药物麻醉后使用被保险机动车。

⑥事故发生后，被保险人或其允许的驾驶人在未依法采取措施的情况下驾驶被保险机动车或者遗弃被保险机动车逃离事故现场，或故意破坏、伪造现场，毁灭证据。

⑦驾驶人有下列情形之一者：无驾驶证或驾驶证有效期已届满；驾驶的被保险机动车与驾驶证载明的准驾车型不符；实习期内驾驶公共汽车、营运客车或者载有爆炸物品、易燃易爆化学物品、剧毒或者放射性等危险物品的被保险机动车，实习期内驾驶的被保险机动车牵引挂车；持未按规定审验的驾驶证，以及在暂扣、扣留、吊销、注销驾驶证期间驾驶被保险机动车；使用各种专用机械车、特种车的人员无国家有关部门核发的有效操作证，驾驶营运客车的驾驶人无国家有关部门核发的有效资格证书；依照法律法规或公安机关交通管理部门有关规定不允许驾驶被保险机动车的其他情况下驾车。

⑧非被保险人允许的驾驶人使用被保险机动车。

⑨被保险机动车转让他人，被保险人、受让人未履行保险合同规定的通知义务，且因转让导致被保险机动车危险程度显著增加而发生保险事故。

⑩除另有约定外，发生保险事故时被保险机动车无公安机关交通管理部门核发的行驶证或号牌，或未按规定检验或检验不合格；被保险机动车拖带未投保交强险的机动车（含挂车）或被未投保交强险的其他机动车拖带。

3）下列损失和费用，保险人不负责赔偿：

①被保险机动车发生意外事故，致使第三者停业、停驶、停电、停水、停气、停产、通信或者网络中断、数据丢失、电压变化等造成的损失以及其他各种间接损失。

②精神损害赔偿。

③因污染（含放射性污染）造成的损失。

④第三者财产因市场价格变动造成的贬值、修理后价值降低引起的损失。

⑤被保险机动车被盗窃、抢劫、抢夺期间造成第三者人身伤亡或财产损失。

⑥被保险人或驾驶人的故意行为造成的损失。

⑦仲裁或者诉讼费用以及其他相关费用。

4）应当由机动车交通事故责任强制保险赔偿的损失和费用，保险人不负责赔偿。

保险事故发生时，被保险机动车未投保机动车交通事故责任强制保险或机动车交通事故责任强制保险合同已经失效的，对于机动车交通事故责任强制保险各分项赔偿限额以内的损失和费用，保险人不负责赔偿。

5）保险人在依据保险合同约定计算赔款的基础上，在保险单载明的责任限额内，按下列免赔率免赔：

①负次要事故责任的免赔率为5%，负同等事故责任的免赔率为10%，负主要事故责任的免赔率为15%，负全部事故责任的免赔率为20%。

②违反安全装载规定的，增加免赔率10%。

③投保时指定驾驶人，保险事故发生时为非指定驾驶人驾驶的，增加免赔率10%。

④投保时约定行驶区域，保险事故发生在约定行驶区域以外的，增加免赔率10%。

6）其他不属于保险责任范围内的损失和费用。

三、附加交通事故精神损害赔偿责任保险

投保人在投保了三者险和车上人员责任险的基础上，可投保该附加险。

1. 保险责任

保险期间内，被保险机动车在使用过程中，发生意外事故，致使第三者或本车车上人员的残疾、烧伤、死亡或怀孕妇女流产，受害方据此提出的精神损害赔偿请求，依照法院生效判决或者经事故双方当事人协商一致并经保险人书面同意的，应由被保险人承担的精神损害赔偿责任，保险人在本保险合同约定的责任限额内负责赔偿。

2. 责任免除

发生以下情形或损失之一者，保险人不承担精神损害赔偿责任：

1）被保险机动车驾驶人在事故中无过错。

2）被保险机动车未发生直接碰撞事故，仅因第三者或本车车上人员惊恐而引起的损害。

3）怀孕妇女的流产发生在交通事故发生之日起 30 天以外的。

4）被保险机动车违反安全装载规定。

5）应当由机动车交通事故责任强制保险赔偿的损失和费用。

3. 责任限额与赔偿处理

每次事故责任限额和每次事故每人责任限额由投保人和保险人在签订保险合同时协商确定，其中每次事故每人责任限额不超过 5 万元。

赔偿时，按照人民法院对被保险人应承担精神损害赔偿责任的生效判决以及保险合同的约定进行赔偿；协商、调解结果中所确定的被保险人的精神损害赔偿责任，经保险人书面同意后，保险人负责赔偿。每次事故赔偿实行 20% 的免赔率。

四、车辆损失险

本书以 A 款的“家庭自用汽车损失保险条款”为例。

1. 保险责任

在汽车的保险期间内，被保险人或其允许的合法驾驶人在使用被保险机动车过程中，因下列原因造成被保险机动车的损失（本书内容只涉及车辆的燃烧起火，不涉及其他内容），保险人依照本保险合同的约定负责赔偿：

1）火灾、爆炸（图 1–5）。

①火灾：指被保险机动车本身以外的火源引起的、在时间或空间上失去控制的燃烧（即有热、有光、有火焰的剧烈的氧化反应）所造成的灾害。

②爆炸：指物体在瞬间分解或燃烧时放出大量的热和气体，并以很大的压力向四周扩散，形成破坏力的现象。但保险机动车发动机因其内部原因导致发动机本身发生爆炸或爆裂，以及轮胎爆炸导致轮胎本身损坏，不属于保险合同所指的爆炸。

图 1–5 被纵火烧毁的保险车辆

2）发生保险事故时，被保险人为防止或者减少被保险机动车的损失所支付的必要的、合理的施救费用，由保险人承担，但最高不能超过保险金额的数额。

2. 责任免除

1）下列情况下，不论任何原因造成被保险机动车损失，保险人均不负责赔偿：

①地震及其次生灾害。

②战争、军事冲突、恐怖活动、暴乱、扣押、收缴、没收、政府征用。

③竞赛（图 1–6）、测试，在营业性维修、养护场所修理、养护期间。

④利用被保险机动车从事违法活动。

⑤驾驶人饮酒、吸食或注射毒品，被药物麻醉后使用被保险机动车。

⑥事故发生后，被保险人或其允许的驾驶人在未依法采取措施的情况下驾驶被保险机动车或者遗弃被保险机动车逃离事故现场，或故意破坏、伪造现场，毁灭证据。

图 1-6 竞赛过程中起火燃烧的汽车

⑦驾驶人有下列情形之一者：无驾驶证或驾驶证有效期已届满；驾驶的被保险机动车与驾驶证载明的准驾车型不符；持未按规定审验的驾驶证，以及在暂扣、扣留、吊销、注销驾驶证期间驾驶被保险机动车；依照法律法规或公安机关交通管理部门有关规定不允许驾驶被保险机动车的其他情况下驾车。

⑧非被保险人允许的驾驶人使用被保险机动车。

⑨被保险机动车转让他人，被保险人、受让人未履行保险合同规定的通知义务，且因转让导致被保险机动车危险程度显著增加而发生保险事故。

⑩除另有约定外，发生保险事故时被保险机动车无公安机关交通管理部门核发的行驶证或号牌，或未按规定检验或检验不合格。

2）被保险机动车的下列损失和费用，保险人不负责赔偿：

①自然磨损、朽蚀、腐蚀、故障；玻璃单独破碎，车轮单独损坏；无明显碰撞痕迹的车身划痕。

②人工直接供油、高温烘烤造成的损失。

③自燃以及不明原因火灾造成的损失。

自燃：指在没有外界火源的情况下，由于本车电器、电路、供油系统、供气系统等被保险机动车自身原因发生故障或所载货物自身原因起火燃烧。

④遭受保险责任范围内的损失后，未经必要修理继续使用被保险机动车，致使损失扩大的部分。

⑤因污染（含放射性污染）造成的损失。

⑥市场价格变动造成的贬值、修理后价值降低引起的损失；标准配置以外新增设备的损失；发动机进水后导致的发动机损坏。

⑦被保险机动车所载货物坠落、倒塌、撞击、泄漏造成的损失。

⑧被盗窃、抢劫、抢夺，以及因被盗窃、抢劫、抢夺受到损坏或车上零部件、附属设备丢失。

⑨被保险人或驾驶人的故意行为造成的损失。

⑩应当由机动车交通事故责任强制保险赔偿的金额。

3）保险人在依据保险合同约定计算赔款的基础上，按照下列免赔率免赔：

①负次要事故责任的免赔率为 5%，负同等事故责任的免赔率为 8%，负主要事故责任的

免赔率为 10%，负全部事故责任或单方肇事事故的免赔率为 15%。

②被保险机动车的损失应当由第三方负责赔偿的，无法找到第三方时，免赔率为 30%。

③被保险人根据有关法律法规规定选择自行协商方式处理交通事故，不能证明事故原因的，免赔率为 20%。

④投保时指定驾驶人，保险事故发生时为非指定驾驶人使用被保险机动车的，增加免赔率 10%。

⑤投保时约定行驶区域，保险事故发生在约定行驶区域以外的，增加免赔率 10%。

4）其他不属于保险责任范围内的损失和费用。

五、自燃损失险

汽车自燃（图 1–7）损失险是车损险的一个附加险种，已投保车辆损失险的车辆方可投保该附加险。

图 1–7 自燃的汽车

1. 保险责任

在保险期间之内，保险车辆在使用过程中，因本车电器、电路、油路、供油系统、供气系统、货物自身发生问题，机动车运转摩擦起火引起火灾，造成保险车辆的损失，以及被保险人在发生本保险事故时，为减少保险车辆损失所支出的必要合理的施救费用，保险人负责赔偿。

2. 责任免除

1）被保险人在使用保险车辆过程中，因人工直接供油、高温烘烤等违反车辆安全操作规则造成的损失。

2）因自燃仅造成电器、电路、油路、供油系统、供气系统的损失。

3）运载货物的损失。

4）被保险人的故意行为或违法行为造成保险车辆的损失。

3. 赔偿处理

1）在保险单载明的保险金额内，按保险车辆的实际损失计算赔偿。

2）本保险每次赔偿均实行 20% 的绝对免赔率。

六、新增加设备损失保险

投保了车辆损失险的机动车，可投该附加险。所谓新增加设备，是指被保险机动车出厂时除原有各项设备以外，被保险人加装的设备及设施。

1. 保险责任

保险期间内，投保了该附加险的被保险机动车因发生车辆损失险责任范围内的事故，造成车上新增加设备的直接损毁，保险人在保险单载明的保险金额内，按照实际损失计算赔偿。

2. 保险金额

保险金额根据新增加设备的实际价值确定。新增加设备的实际价值是指新增加设备的购置价减去折旧金额后的金额。

新增设备的折旧率以合同中所对应的主险条款规定为准。

七、机动车停驶损失险

投保了车辆损失险的机动车，可投保该附加险。

1. 保险责任

保险期间内，因发生车辆损失险的保险事故，致使被保险机动车停驶，保险人在保险单载明的保险金额内承担赔偿责任。

2. 责任免除

1）被保险人或驾驶人未及时将被保险机动车送修或拖延修理时间。

2）因修理质量不合格重新返修。

3. 保险金额

保险金额按照投保时约定的日赔偿金额乘以约定的赔偿天数确定；约定的日赔偿金额最高为300元，约定的赔偿天数最长为60天。

4. 赔偿处理

全车损失，按保险单载明的保险金额计算赔偿；部分损失，在保险金额内按约定的日赔偿金额乘以从送修之日起至修复之日止的实际天数计算赔偿，实际天数超过双方约定修理天数的，以双方约定的修理天数为准。

保险期间内，累计赔款金额达到保险单载明的保险金额，该附加险保险责任终止。

八、指定专修厂特约条款

投保了车辆损失险的机动车，可附加该特约条款。

投保时未选择该特约条款的，车辆损失险事故发生后，因保险事故损坏的机动车辆，在修理前应当按照主险条款的规定，由被保险人与保险人协商确定修理方式和费用。

投保时选择该特约条款，并增加支付该特约条款的保险费的，车辆损失险事故发生后，被保险人可自主选择具有被保险机动车辆专修资格的修理厂进行修理。

九、车上人员责任险

1. 保险责任

保险期间内，被保险人或其允许的合法驾驶人在使用被保险机动车过程中发生意外事故，致使车上人员遭受人身伤亡，依法应当由被保险人承担的损害赔偿责任，保险人依照保险合同的约定负责赔偿。图 1–8 所示为在自燃汽车中被烧伤的乘客背部。

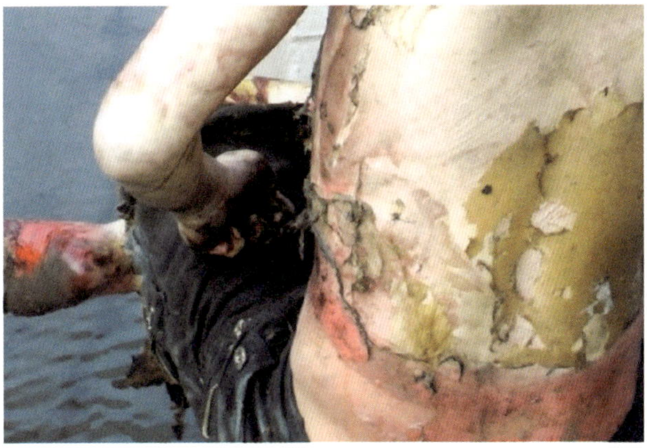

图 1–8 自燃汽车中被烧伤的乘客背部

2. 责任免除

1）被保险机动车造成下列人身伤亡，不论在法律上是否应当由被保险人承担赔偿责任，保险人均不负责赔偿：

①被保险人或驾驶人的故意行为造成的人身伤亡。

②被保险人及驾驶人以外的其他车上人员的故意、重大过失行为造成的自身伤亡。

③违法、违章搭乘人员的人身伤亡。

④车上人员因疾病、分娩、自残、斗殴、自杀、犯罪行为造成的自身伤亡。

⑤车上人员在被保险机动车车下时遭受的人身伤亡。

2）下列情况下，不论任何原因造成的对车上人员的损害赔偿责任，保险人均不负责赔偿：

①地震及其次生灾害。

②战争、军事冲突、恐怖活动、暴乱、扣押、收缴、没收、政府征用。

③竞赛、测试、教练，在营业性维修、养护场所修理、养护期间。

④利用被保险机动车从事违法活动。

⑤驾驶人饮酒、吸食或注射毒品，被药物麻醉后使用被保险机动车。

⑥事故发生后，被保险人或其允许的驾驶人在未依法采取措施的情况下驾驶被保险机动车或者遗弃被保险机动车离开事故现场，或故意破坏、伪造现场，毁灭证据。

⑦驾驶人有下列情形之一者：无驾驶证或驾驶证有效期已届满；驾驶的被保险机动车与驾驶证载明的准驾车型不符；实习期内驾驶公共汽车、营运客车或者载有爆炸物品、易燃易爆化学物品、剧毒或者放射性等危险物品的被保险机动车，实习期内驾驶的被保险机动车牵引挂车；持未按规定审验的驾驶证，以及在暂扣、扣留、吊销、注销驾驶证期间驾驶被保险机动车；使用各种专用机械车、特种车的人员无国家有关部门核发的有效操作证，驾驶营运客车的驾驶人无国家有关部门核发的有效资格证书；依照法律法规或公安机关交通管理部门有关规定不允许驾驶被保险机动车的其他情况下驾车。

⑧非被保险人允许的驾驶人驾驶被保险机动车。

⑨被保险机动车转让他人，被保险人、受让人未履行保险合同规定的通知义务，且因转让

导致被保险机动车危险程度显著增加而发生保险事故。

⑩除另有约定外，发生保险事故时被保险机动车无公安机关交通管理部门核发的行驶证或号牌，或未按规定检验或检验不合格。

3）下列损失和费用，保险人不负责赔偿：

①精神损害赔偿（图 1-9）。

②因污染（含放射性污染）造成的人身伤亡。

③仲裁或者诉讼费用以及其他相关费用。

④应当由机动车交通事故责任强制保险赔偿的损失和费用。

图 1-9 被烧伤的乘客，只能获得限额内的医疗赔偿，无法获得精神损害赔偿

4）保险人在依据保险合同约定计算赔款的基础上，在保险单载明的责任限额内，按下列免赔率免赔：

①负次要事故责任的免赔率为 5%，负同等事故责任的免赔率为 8%，负主要事故责任的免赔率为 10%，负全部事故责任或单方肇事事故的免赔率为 15%。

②投保时指定驾驶人，保险事故发生时为非指定驾驶人使用被保险机动车的，增加免赔率 10%。

③投保时约定行驶区域，保险事故发生在约定行驶区域以外的，增加免赔率 10%。

5）其他不属于保险责任范围内的损失和费用。

3. 责任限额

驾驶人每次事故责任限额和乘客每次事故每人责任限额由投保人和保险人在投保时协商确定。投保乘客座位数按照被保险机动车的核定载客数（驾驶人座位除外）确定。

十、车上货物责任险

投保了机动车第三者责任保险的机动车，可投保该附加险。

1. 保险责任

保险期间内，发生意外事故致使被保险机动车所载货物遭受直接损毁（图 1-10），依法应由被保险人承担的损害赔偿责任，保险人负责赔偿。

图 1-10 被烧毁的运输车上的奥迪汽车

2. 责任免除

①偷盗、哄抢、自然损耗、本身

缺陷、短少、死亡、腐烂、变质造成的货物损失。

②违法、违章载运或因包装不善造成的损失。

③车上人员携带的私人物品。

④应当由机动车交通事故责任强制保险赔偿的损失和费用。

3. 赔偿处理

被保险人索赔时，应提供运单、起运地货物价格证明等相关单据。保险人在责任限额内按起运地价格计算赔偿。每次赔偿实行 20% 的免赔率。

第二节　火灾现场查勘技巧

由于汽车的起火可以划分为自燃、引燃、爆炸起火、碰撞起火等多种类型，而在目前的汽车保险险种设计方面，又专门设有“自燃损失险”。一般说来，其余几种类型的火灾比较容易鉴别，在赔付方面也大都包含在车辆损失险的理赔范畴之内，相对来说比较简单，但自燃的判别往往存在一定的难度。因而，在火险查勘实践中，就存在着准确区分火灾和自燃的问题。

在查勘汽车火险现场，分析起火原因时，需掌握构成燃烧的三大要素：

第一，导致起火的火源（火花或电火花）在哪？

第二，周围是否存在易燃物品（汽油、柴油、润滑油、易燃物等）？

第三，火源与易燃物品的接触渠道中是否有足够的空气？

只要牢牢把握住以上三个基本要素，再通过查勘车身不同位置的烧损程度，首先准确找出起火位置，进而分析起火原因，判断出汽车起火的自燃、引燃属性，就可以为下一步的准确理赔奠定基础。

一、火灾事故认定的相关规定

《中华人民共和国消防法》第三十九条规定，火灾扑灭后，公安消防机构有权根据需要封闭火灾现场，负责调查、认定火灾原因，核定火灾损失，查明火灾事故责任。

《火灾事故调查规定》（公安部令第 108 号）（1999 年 3 月发布，2009 年 5 月 1 日修订）中与保险理赔有关的规定有：

1. 火灾事故调查的原则

火灾事故调查应当坚持及时、客观、公正、合法的原则。任何单位和个人不得妨碍和非法干预火灾事故调查。

2. 火灾事故处理的简易程序

1）同时具有下列情形的火灾，可以适用简易调查程序：没有人员伤亡的；直接财产损失轻微的；当事人对火灾事故事实没有异议的；没有放火嫌疑的。

上述第二项的具体标准由省级人民政府公安机关确定，报公安部备案。

2）适用简易调查程序的，可以由一名火灾事故调查人员调查，并按照下列程序实施：

①表明执法身份，说明调查依据。

②调查走访当事人、证人，了解火灾发生过程、火灾烧损的主要物品及建筑物受损等与火灾有关的情况。

③查看火灾现场并进行照相或者录像。

④告知当事人调查的火灾事故事实，听取当事人的意见。当事人提出的事实、理由或者证据成立的，应当采纳。

⑤当场制作火灾事故简易调查认定书，由火灾事故调查人员、当事人签字或者捺指印后交付当事人。

3）火灾事故调查人员应当在两日内将火灾事故简易调查认定书报所属公安机关消防机构备案。

从上述规定可以看出，对于以乘用车为主要保险标的保险公司，绝大多数汽车火灾事故的认定适用简易程序，由公安消防部门出具《火灾事故简易调查认定书》。

3. 火灾现场的管控

1）火灾发生地的县级公安机关消防机构应当根据火灾现场的实际情况，排除火灾现场的险情，初步划定现场封闭的范围，并设置警戒标志，禁止无关人员进入现场，控制火灾肇事嫌疑人。

2）公安机关消防机构应当根据火灾事故调查需要，及时调整现场封闭范围，并在现场勘验结束后及时解除现场封闭（图 1–11）。

从这条规定可以看出，一般情况下，保险公司对火灾事故的查勘必须在公安机关消防机构解除火灾现场封闭后才能进行。

图 1–11 被管控的汽车起火现场

4. 火灾事故的认定

1）公安机关消防机构应当根据现场勘验、调查询问和有关检验、鉴定意见等调查情况，及时作出起火原因和灾害成因的认定。

2）对起火原因已经查清楚的，应认定起火时间、起火部位、起火点和起火原因；对起火原因无法查清楚的，应认定起火时间、起火点或者起火部位以及有证据能够排除的起火原因。

3）灾害成因的认定应当包括下列内容：

①火灾报警、初期火灾扑救和人员疏散情况。

②火灾蔓延、损失情况。

③与火灾蔓延、损失扩大存在直接因果关系，且违反了消防法律法规、消防技术标准的具体事实。

4）公安机关消防机构在作出火灾事故认定前，应当召集当事人到场，说明拟认定的起火原因，听取当事人意见；当事人不到场的，应当记录在案。

5）公安机关消防机构应当制作火灾事故认定书，自作出之日起七日内送达当事人，并告知当事人向公安机关消防机构申请复核和直接向人民法院提起民事诉讼的权利。无法送达的，可以在作出火灾事故认定之日起七日内公告送达。公告期为 20 日，公告期满即视为送达。

6）公安机关消防机构作出火灾事故认定后，当事人可以申请查阅、复制、摘录火灾事故认定书，现场勘验笔录和检验、鉴定意见，公安机关消防机构应当自接到申请之日起七日内提供，但涉及国家秘密、商业秘密、个人隐私或者移交公安机关其他部门处理的依法不予提供，并说明理由。

5. 火灾事故认定的复核

1）当事人对火灾事故认定有异议的，可以自火灾事故认定书送达之日起 15 日内，向上一级公安机关消防机构提出书面复核申请。复核申请应当载明复核请求、理由和主要证据。复核申请以一次为限。

2）复核机构应当自收到复核申请之日起七日内作出是否受理的决定并书面通知申请人。有下列情形之一的，不予受理：非火灾当事人提出复核申请的；超过复核申请期限的；已经复核并作出复核结论的；任何一方当事人向人民法院提起诉讼，法院已经受理的；适用简易调查程序作出火灾事故认定的。

公安机关消防机构受理复核申请的，应当书面通知其他相关当事人和原认定机构。

3）原认定机构应当自接到通知之日起十日内，向复核机构作出书面说明，并提交火灾事故调查案卷。

4）复核机构应当对复核申请和原火灾事故认定进行书面审查，必要时，可以向有关人员进行调查；火灾现场尚存且未变动的，可以进行复核勘验。复核审查期间，任何一方当事人就火灾向人民法院提起诉讼并经法院受理的，公安机关消防机构应当终止复核。

5）复核机构应当自受理复核申请之日起 30 日内，作出复核结论，并在七日内送达申请人和原认定机构。

原火灾事故认定主要事实清楚、证据确实充分、程序合法，起火原因和灾害成因认定正确的，复核机构应当维持原火灾事故认定。

原火灾事故认定具有下列情形之一的，复核机构应当责令原认定机构重新作出火灾事故认定：主要事实不清，或者证据不确实充分的；违反法定程序，影响结果公正的；起火原因、灾害成因认定错误的。

6）原认定机构接到重新作出火灾事故认定的复核结论后，应当重新调查，在 15 日内重新作出火灾事故认定，并撤销原火灾事故认定书。重新调查需要委托检验、鉴定的，原认定机构应当在收到检验、鉴定意见之日起五日内重新作出火灾事故认定。

原认定机构在重新作出火灾事故原因认定之前，应当向有关当事人说明重新认定情况；重新作出的火灾事故认定书，应当按照规定的时限送达当事人，并报复核机构备案。

二、火灾查勘的内容与方法

汽车火灾现场的查勘工作应当在汽车火灾的事发地进行。但是，由于种种客观原因的存在，可能会导致调查人员无法在事发地完成查勘工作，如在调查人员到达火灾现场之前汽车已被拖动等。所以，在多数情况下只能在报废车的停车场、汽车维修厂或仓库等地点进行现场勘验工作。

勘验现场痕迹时特别要注意火灾发生时的风向、风力等气象因素，因为行驶中的车辆起火后，逆风燃烧是很困难的；一旦汽车停止或减速，火势就会迅速蔓延扩大。图 1–12 为汽车火灾现场勘验内容和方法示意图。

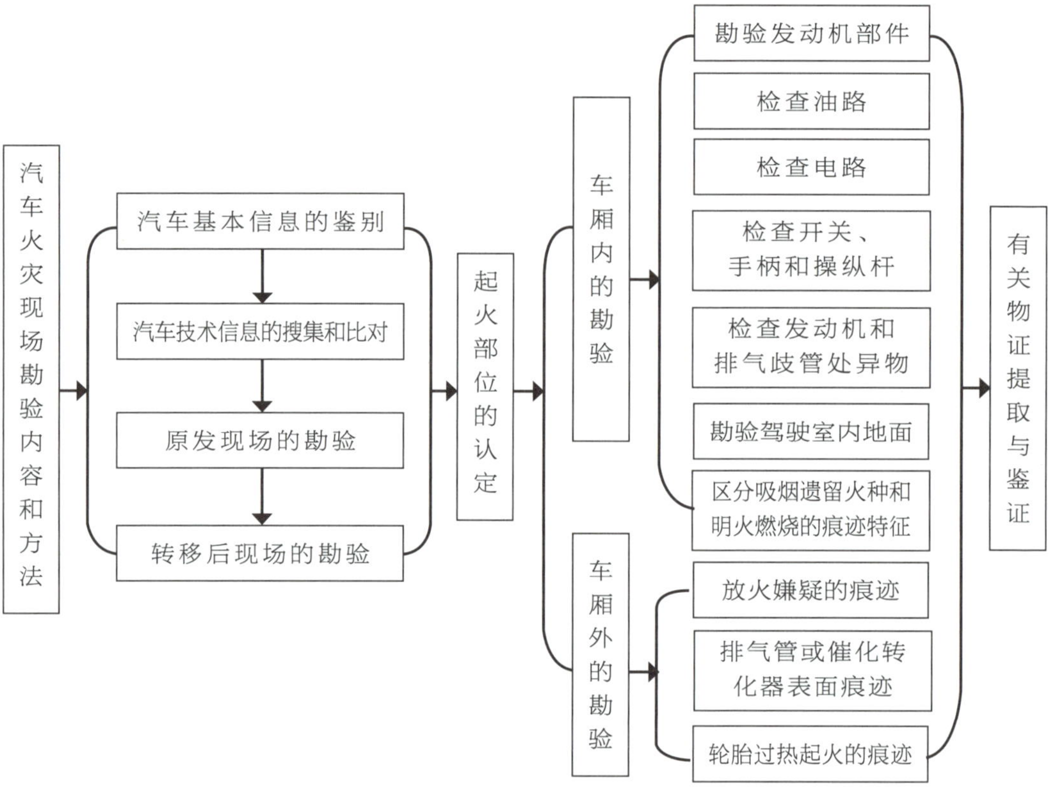

图 1–12 火灾现场勘验内容和方法

1. 汽车基本信息的鉴别

通过现场勘验，确定汽车的构造、类型、年代和其他识别标志，记录相关信息。汽车的车辆识别标牌提供了汽车生产厂商、产地、车身类型、发动机类型、年代和生产序列号等信息。如果车辆识别标牌或发动机号等已无法辨认，或者怀疑号码被涂改过（图 1–13），就应向公安交通警察等有关部门寻求帮助。

图 1–13 火烧车的伪造车架号

2. 汽车技术信息的搜集和比对

一旦将出险汽车确认为调查的主要对象，就应当对其机械构造、功能和火灾危险区域进行细致的勘验。为确保勘验各个环节的有效进行，调查人员应当找到与发生火灾汽车的年代、构造、类型及装置相同的汽车，仔细进行比对；或者查阅汽车维修手册，熟悉和掌握相关技术资料。

3. 原发现场的勘验

1）现场简图的绘制。调查人员应当绘制火灾现场简图，该图应能准确地表示出汽车在被拖动之前所停放的位置，并标明目击者的位置及其与汽车的距离。

2）火灾现场的拍摄与记录。通过证据的确认，判断燃烧是碰撞还是自燃引起的；标的是动态状态下起火还是静态状态下起火；检查车辆燃烧痕迹，判断燃烧起火点及火源。

①查勘路面痕迹。车辆着火现场路面和车上的各种痕迹在着火过程中消失，或在救火时被水、泡沫、泥土和沙等掩盖（图1–14），查勘时应首先对路面原始状态进行查看、拍照，并做好各项记录。施救后用清洁水将路面油污、污物冲洗干净，待暴露出印痕的原状再详细勘察。方法是以车辆为中心向双方车辆驶来方向的路面寻查制动拖印、挫划印痕，测量其始点至停车位的距离及各种印痕的形态。

②查勘路面上散落物。查勘着火车辆在路面上散落的各种物品及伤、亡人员倒卧位置以及由于碰撞被抛洒的车体部件（图1–15）、车上物品位置，与中心现场距离，实际抛落距离，推算出着火车辆行驶速度。

图1–14 汽车火灾施救现场

图1–15 着火汽车在现场的散落物

图1–16 在现场拍摄的着火汽车照片

3）汽车外部的拍摄与记录。多角度、多方位对汽车外部进行拍摄与记录，包括汽车前后左右、顶部和车下的地面，整体反映出汽车燃烧残留的痕迹特征（图1–16）。将汽车拖走之后，再次对汽车下的地面进行拍照，即使被汽车遮盖住的地面或路面没有明显的火灾烧损痕迹也应当对这部分进行拍照。如果有条件，应当记录汽车被拖以及汽车在拖动过程中受损的情况。特别值得注意的是，应完整搜集从火灾车辆上掉落的汽车零部件残留物或外来物品燃烧残留物等，确定起火原因的重要物证信息很可能就在其中。

4）汽车内部的拍摄与记录。从不同的角度对汽车内部的烧损和未烧损部位进行有针对性的拍摄和记录。汽车地板上的火灾残留物包括车内的物品、汽车钥匙和点火开关等，清理之前应对其进行拍照，以便记录各个物品的原始位置，这一点尤为重要。汽车各车厢（发动机舱、驾驶室、行李舱、挂车拖车等）内部、外部或不属于汽车车厢的部位，能够反映火灾蔓延方向的所有痕迹，都应当拍摄照片。储物区域也应当拍摄照片，应当明确受到火灾热作用的货物种类和数量，以及其他卷入火灾的物品。

4. 转移后现场的勘验

火灾发生后，火灾调查人员应及时到达火灾原发现场，尽可能地全面搜集火灾现场信息，合理处置火灾现场掉落的残留物，不可轻易丢弃，应拍摄和记录好火灾现场真实的情况。但是很多时候，汽车火灾发生后调查人员不能及时到达现场，或者火灾对道路和环境影响较大，需要及时转移火灾汽车。

1）如果出险的汽车已经被转移走了，在对汽车本体进行勘验之前，应查看汽车火灾原发现场的照片（图 1–17），尽量搜集火灾现场的相关信息，包括起火时间、地点，驾驶人、乘客和目击者的笔录，警方和消防部门的报告，汽车当前的存放位置和被转移的方式等。即使汽车已从火灾现场移走，进行火灾原发现场的勘验工作对汽车火灾原因的确定仍然有所帮助。

图 1–17 车辆被转移走的起火现场

2）如果勘验工作被拖延，或汽车停放的地点很偏远，都会造成汽车零部件的丢失或损坏，还有汽车受环境的影响较大，特别是金属表面容易生锈，因此一定要做好火灾车辆的现场保护工作，否则火灾调查将无法进行。存放遭受火灾的汽车时，应当用帆布或其他苫布遮盖整个汽车，通常在火灾发生后的一段时间里，车身壳体的锈蚀使火灾痕迹更为明显，但随着锈蚀程度的发展火灾痕迹会变模糊。汽车零件如果有缺失的情况，应当确定该零件是在火灾发生前就已经缺失，还是在火灾发生后掉落或缺失的。

3）无论汽车停放在原发现场还是已被转移到他处，对汽车本体勘验和记录的过程都应相同。即使在火灾现场已对汽车本体进行勘验，也可以利用汽车从现场移走后的优势，继续对其勘验。例如：使用叉车或其他升降设备将汽车升起，或者使用破拆工具进行更为细致的勘验工作，同时应全面细致地拍摄照片。

5. 起火部位的认定

当车辆全部烧损，又得不到相关人员有效证言时，很难判断起火部位。如果燃料和机油开始燃烧，就会使燃烧面积迅速扩大，给火灾原因调查带来更大的困难。

1）重点检查汽车外部残留的火灾燃烧痕迹，特别是不同位置的火焰作用于前风窗玻璃，其掉落的路径是不可能完全相同的，这非常有助于确定起火点究竟是在哪个车厢之内。假如是驾驶室内先起火，火焰会很快作用到前风窗玻璃的上方，同时在发动机舱盖上形成放射状火灾痕迹（从某一区域向外扩展的火灾痕迹）。假如发动机舱内先起火，发动机舱盖上会留下局部受烧变色严重的痕迹，火焰通常窜入驾驶室，并造成前风窗玻璃底部的破碎，同时车门上也会留下放射状痕迹。

2）当车辆大部或全部烧损时，应考虑到燃料和机油等参与燃烧加大火势的因素，通过观察车身钢板的燃烧变色及锈蚀程度的差异来判断起火部位。

3）如果推测起火部位是轮胎，则需要比较一下前后各个轮胎和轮毂的烧损状态，通常情况下烧损最严重的轮胎和轮毂应为起火部位（图 1–18）。

正常的轮毂

烧损的轮毂

图 1–18 因制动毂故障引起的重型载货汽车起火事故

4）即使全车烧损严重，车辆底部也不一定烧毁，因此可以将车辆举升起来，确认车辆底部的烧损情况，同时考虑燃料和机油等参与燃烧会加大火势的因素。通常情况下从车辆底部向上扩大燃烧的部分即为起火部位。当车辆底部多处发生局部烧损时，需要调查从局部开始向上扩大烧损的部位。

通过对前后左右各个轮胎和车身外壳的烧损程度检查，可以初步认定火首先起于车的什么部位，进一步通过车内外燃烧状态的比对分析，来判断火首先起于车内还是车外。一旦确定起火部位之后，按照由烧损最轻至烧损最重的顺序，对汽车进行更为细致的勘验。

6. 车厢内的勘验

确定起火部位在车厢内之后，再根据起火点在发动机舱、驾驶室或行李舱等不同特点，有针对性地对各个相关系统进行检查，确定其烧损状态，考察能够引起火灾的各种可能性。

1）勘验发动机部件。

①**发动机舱盖。**考虑因燃料、机油等参与燃烧的因素，以及舱内空气滤清器、进气管、塑料油罐等安装位置的影响，比较舱盖外表面和内表面。如果发动机舱盖内外两面同一位置因烧损出现明显变色，那么这个位置很可能就是起火部位。

②**发动机机体。**发动机机体设置在发动机舱的中心位置，因此可以通过比较外表面的烧损、变色、熔融程度来推断火灾燃烧蔓延的方向。尤其是可以通过观察位于发动机机体下部的机油滤清器和油底壳的烧损状态，来判断火焰是否从发动机舱上部向下部蔓延，或者是否从发动机舱向客舱蔓延等。

③**气缸盖罩。**气缸盖罩位于发动机舱中心部缸体的上端，在火灾初期很容易受到火焰和热辐射的影响，因此可以通过其外表面的烧损和熔融状态来判断火焰的蔓延方向。

④**前悬架（钢制）。**发动机舱内左右各设一个，可以通过比较左右前悬架的烧损程度，来推测燃烧蔓延方向。

⑤**真空助力器。**真空助力器一般都安装在驾驶位前方的发动机舱内后部。通过真空助力器表面受热变色或烧失情况，以及连接管路烧失炭化程度来判断火灾燃烧蔓延方向。

⑥**蓄电池。**蓄电池安装在发动机舱内的情况较多，也有部分车型蓄电池安装在驾驶室内座椅下或行李舱内。通过蓄电池烧损脱落方向或烧失情况来判断火灾燃烧蔓延的方向。

2）检查油路。

①**检查油箱和加油管状态。**检查油箱是否破损或局部渗漏，记录加油管的状态。加油管通常为两节，中间用橡胶管或高分子软管连接。部分汽车加油系统的橡胶或高分子衬管或衬垫深入到油箱内部。汽车受到撞击之后，可导致连接管出现机械性破损，加油系统与油箱连接处断开，以及外火烧毁连接管等，均能造成燃油泄漏。

②**检查加油口盖状态。**记录加油口盖是否存在，记录加油口是否烧损或存在机械损伤。许多加油口盖含有塑料件或低熔点金属件，这些零件在火灾中能够被烧毁，并导致部分金属零件的脱落、缺失或掉进油箱。油箱受热或受火焰的作用后，能形成一条分界线，可反映出起火时油箱内油面的高度。

③**检查供油管和回油管状态。**检查供油管和回油管是否破裂或烧损的情况。油管之间通常用一个或多个橡胶连接管或高分子软管连接，检查油管连接处的卡箍是否变形或脱落，这些连接管处可发生燃油泄漏。检查并记录靠近催化转化器附近的油管、靠近排气歧管的非金属油管、靠近其他炽热表面的非金属油管和容易受到摩擦的油管。

④**检查机油等情况。**检查发动机机油、变速器油、助力转向液和制动液等容器及连接管路情况，查看是否有过热燃烧现象或泄漏到排气（歧）管上，形成燃烧炭化痕迹残留在上面。

3）检查电路。查清因电气电路烧损而断掉的熔丝，从熔断的熔丝沿电路查找出现短路的部位，从短路部位推断发动机舱内汽车用电电路的烧损路径和早期发生火灾的部位。因此，检查电路熔断装置有助于判断起火部位。

重点检查发动机舱内的发动机线束、发动机舱线束以及蓄电池、熔丝盒、起动机、发电机、压缩机、风扇电动机、左右前灯具等用电设备及其连接电路。检查驾驶室内仪表板内线束、中央接线盒、车内其他线束等。检查行李舱内尾灯线束等。当汽车电线的绝缘层破裂时，容易与捆扎电线的卡具以及车身、发动机之间发生短路，因此可以查找因短路造成电线缺损或熔断的部位，来判断起火部位起火点。

一般来说，如果是车辆本身电气电路或电气设备出现故障引发火灾，则会找到带有金属熔化痕迹的电气电路、连接件、插接件和电气设备等（图 1–19）。

图 1–19 烧损之后熔焊在一起的导线

4）检查开关、手柄和操纵杆。检查驾驶室内部，记录各开关的位置，以便确定开关是否处于“接通”状态。检查玻璃支架位置，确定门窗玻璃起火前是否处于关闭状态。记录变速杆的档位。重点检查点火开关状态、车钥匙痕迹和车锁破碎的痕迹。虽然这些部件的材料容易被烧损，但是火后的残留物同样有助于汽车火灾的勘验工作。

5）检查发动机和排气歧管处的异物。重点检查是否有报纸、油棉纱等可燃物掉落在高温的发动机或排气（歧）管附近，可能会有炭化物或未完全燃烧的部分残留在外壁上。

6）勘验驾驶室内的地面。即使车辆烧毁较重，驾驶室内的铺地材料多少也会留有燃烧残骸。通过查看其烧损状况，来判断火焰蔓延的方向性，确认火焰是来自发动机舱，还是来自行李舱，或是来自车辆底部的催化转化器，这样有助于判断起火部位。

7）区分吸烟遗留火种和明火燃烧的痕迹特征。应重点鉴别汽车门窗玻璃是机械力破坏造成的炸裂，还是明火燃烧所造成的炸裂。观察门窗玻璃炸裂的形状、烟熏程度、玻璃落地的位置来判断火源种类和起火特征。对于吸烟遗留火种引起的火灾，起火点多在驾驶室或行李舱的可燃货物上，由于具有引燃起火的特征，往往造成驾驶室内一侧的门窗玻璃烟熏严重且烧熔，起火后燃烧严重的部位是上部。对于明火如使用助燃剂的放火火灾，具有猛烈燃烧的特征，短时间内产生大量的热会使玻璃在还没有形成积炭前就破碎或达到其熔点，这种温度的迅速上升通常会使门窗玻璃因不均匀的热膨胀而破碎且烟熏轻微。值得注意的是，即使用助燃剂放火，在车门窗封闭较严的情况下，也会出现大量浓烟附着在门窗玻璃上的现象。

7. 车厢外的勘验

1）勘验是否存在放火嫌疑的痕迹。一般情况下，人为放火大都在四个轮胎或保险杠附近，也可能在驾驶室内或行李舱内，而且大都使用汽油、柴油等作为助燃剂。重点勘验和提取起火点附近的玻璃烟尘、车身烟尘、炭化残留物、地面泥土、可疑引火物和液体盛装容器等物证，并送到专业鉴定机构进行检测分析。

2）勘验排气管或催化转化器表面痕迹。要重点考察车辆底盘下地面燃烧情况，是否有干草、树叶、其他可燃物夹带在排气管或催化转化器上以及是否发生过热燃烧现象等情况。

3）勘验是否存在轮胎过热起火的痕迹。重点考察车辆是否过载且长时间行驶，特别是下坡长时间制动，使得制动毂过热引起轮胎起火或轮胎充气不足、双轮胎载货汽车中的一个轮胎爆裂，导致另外一个好胎独自承担重量，被长时间碾压过热引燃轮胎起火。

8. 动态起火燃烧与静态起火燃烧的查勘

1）动态情况下车辆起火燃烧。碰撞车辆着火的一般规律是将外溢的汽油点燃，查勘重点是汽油箱金属外壳表层有无碰撞凹陷痕迹和金属质擦划的条、片状痕迹。车体被燃烧后的接触部位痕迹容易受到破坏，查勘时就残留痕迹部位勘察其面积和凹陷程度并进行对比，以求判断碰撞力大小、方向、速度、角度等。

动态状态下发生车辆自燃主要是由电器、电路、漏油原因造成的，车体无碰撞损伤痕迹，但路面上一般都留有驾驶人发现起火后本能反应的紧急制动痕迹；火是从着火源随着风向蔓延的。火源大部分分布在发动机舱和车内仪表台附近，重点区分车辆自燃和车内人员失火。

2）静态状态下车辆起火燃烧。重点要注意检查现场有无遗留维修、作案工具，有无外来火种、外来可燃物或助燃物等，有无目击者，同时调查报案人所言有无自相矛盾之处，如事故现场周围环境、当时的天气、时空等有无可疑之处。

三、对火烧车辆的调查取证

汽车火灾调查中对当事人和其他相关人员的调查询问是十分重要的，通过对有效信息的搜集整理，可以及时、有效地判断汽车起火的部位和可能的起火原因，为火灾车辆现场勘验工作提供方向和思路。特别是查明汽车起火前的技术状况，对准确认定火灾原因有着直接的意义，可以从中发现疑点和难点，确定重点勘验部位，有针对性地找出引发火灾的可能因素。

调查取证分为向当事人询问以及外围调查两个方面。

1. 对火烧车辆当事人的询问取证

对火烧车辆当事人的询问取证见表 1–1.

表 1–1　对火灾车辆当事人的询问取证

项目	询问内容
车辆历史情况	①车辆购置日期、首次登记日期 ②汽车销售店、购置价格 ③确认零部件更换、拆解、调整、修理情况 ④确认事故、改造、改装等情况
车辆保险情况	①确认车辆有无保险，是否超过保险期限 ②确认车辆保险的种类、保险金额及过去投保情况等

（续）

项目	询问内容
车辆运行情况	①汽车行驶的时间及行驶的距离 ②汽车行驶的路线和道路状况 ③汽车行驶的总里程数 ④汽车最后一次维护的时间（换油、维修等） ⑤汽车最后一次加油的时间及汽车的油量 ⑥汽车内是否存放个人物品（服装、工具、重要物品等） ⑦汽车是否装有货物，是否加拖车，是否快速行驶等
火灾发生前车辆情况	①火灾发生前当事人、发现人等看到汽车的情况 ②汽车停车的时间、地点、周围环境和气象条件等 ③汽车运转是否正常（起动困难、失速、发动机空转、电气故障等） ④仪表板上各种警告灯是否异常
火灾发生前驾驶人的行为表现	①有无吸烟 ②有无使用过打火机，以及摆放位置 ③有无调节座椅、升降车窗 ④有无在火灾前检查车辆，以及加油、换油、更换蓄电池或充电等 ⑤有无使用播放机、导航装置、空调、暖风和车高调节装置等 ⑥有无使用前照灯、警告灯、刮水器等
火灾发生时的车辆状况	①发生火灾时车辆位置、车速和当时的路面状况 ②发动机处于工作状态还是停止状态 ③车内驾驶人的状况（驾驶中、睡眠中） ④发生火灾时间，首先出现异味、烟雾或火焰的位置 ⑤发生火灾时烟雾或火焰的颜色，有无爆炸或异响 ⑥发生火灾时发动机、车身以及其他部位有无异常 ⑦发生火灾时车辆周围相关人员的目击信息 ⑧车辆碰撞或翻车的具体情节及造成着火的原因 ⑨车辆起火和燃烧的具体情节及后果 ⑩车辆起火后驾驶人采取了哪些扑救的措施
发生火灾后驾驶人和相关人员的行为	①从开始留意到可能发生火灾后，到停车时的行驶路程和需要的时间 ②有无关掉点火开关及拔掉钥匙 ③有无打开发动机舱盖、行李舱、车门 ④确认观察到猛烈燃烧的部位和燃烧蔓延的方向 ⑤车辆着火时灭火及抢救的具体情况 ⑥报警时间、报警人及报警方法 ⑦消防队到达之前，火灾持续燃烧的时间 ⑧火灾持续的总时间

2. 对火烧车辆的外围调查

1）到车辆管理所核对车辆档案，查实档案记载的车型、牌照、制造年份、发动机号、车架号等与被保险人所述是否一致；车辆转让记录、年审记录。

2）对被保险人的单位性质、财务状况、经营情况进行调查，防止被保险人因经营不善等情况而进行保险欺诈。

3）到公安消防部门调查火灾原因，将自己通过查勘、访问、观察、提取、检验、清点等方法分析得出的火灾原因进行比较，发现疑问要及时沟通，提出自己观点，并做好笔录。

4）对燃烧车辆的购买情况进行调查，将购车发票复印留存；了解被烧车型的新车购置价，取得新车购置价证明。通过对保险金额、购买价和市场价的对比，分析被保险人有无利用价差进行欺诈的可能。

5）到火烧车辆进行维修保养的汽修厂进行有关情况调查，查明最后一次修车与燃烧事故在时空上有无关联；观察车辆实际车况。

6）调阅投保档案，查看验车照片，向验车人了解投保验车时车辆的实际状况。

7）走访、调查现场有关人员，就其当时看到的情况做好询问笔录，并对笔录签名，留下联系电话。应特别注意了解车辆着火时驾驶人从车内出来时的言行举止。

8）在对当事人作现场笔录时应注意的问题：当事驾驶人与被保险人关系；车辆为何由当事驾驶人使用；保险车辆着火的详细经过，发现着火时当事人作了些什么应急处理；近来该车技术状况和使用情况如何，是否进行过修理，最近一次在哪家修理厂维修。

9）重点查勘事故地周围有无异常物、车上配件、工具，调查起火前、起火中、起火后状况，认真比较有什么差异，发现下列问题，应深入细致地重点调查：有几个起火点；起火部位在一个不寻常的地方；火势突然而且过分猛烈；似乎没有合理的起火原因；与起保日期或保险终止日期相近；车辆上应有物品已不在（图1–20）；车上物品、配件被移下，有被搜寻或拆装证据；当事人反对某种调查；当事人行动反常，表现特别冷淡；当事人的叙述与已知的事实不相符，或证词相互矛盾。

图 1–20　起火燃烧之后的轿车，车内居然没有转向盘的骨架

四、火灾原因认定要点

1. 汽车的自燃

（1）自燃的原因认定

自燃的原因主要包括电路、油路、车载货物等，认定要点见表1–2。

表 1–2　自燃原因认定要点

内容	认定要点
电气故障导致的自燃	①根据火灾燃烧痕迹特征，经现场勘验和调查询问，可以确定起火部位（点） ②起火部位（点）大多在发动机舱或仪表板附近 ③在起火部位发现有电路或电气设备可能的故障点，并提取到金属熔化痕迹 ④对相关电气物证鉴定分析，得出（一次）短路熔痕或（火前）电热熔痕等结论

（续）

内容	认定要点
电气故障导致的自燃	⑤综合火灾现场实际情况，可以排除其他起火因素
油品泄漏导致的自燃	①一般情况下汽车处于行驶状态 ②起火部位可以确定在发动机舱内或底盘下面 ③在发动机舱内的重点过热部位（缸体外壁、进气歧管、排气管等）发现有燃油、助力转向液等油品燃烧残留物附着在其表面，能找到可能的泄漏点 ④在发动机舱内未发现电气电路或电气设备可能的故障点，或存在相关电气物证，经现场分析或专业技术鉴定结果均为二次短路熔痕等 ⑤发动机舱内油品燃烧后残留的烟熏痕迹较重，起火初期多数情况下冒黑烟，驾驶人反映起火前存在动力异常现象 ⑥结合现场勘验和调查询问，可以排除放火等人为因素
车上货物导致的自燃	①车上装载的属于易燃物品 ②车上装载的物品较多且捆扎松弛，容易导致货物中间的相互摩擦 ③有人发现车上货物首先起火 ④车上所装载的货物烧损最为严重 ⑤结合现场勘验和调查询问，可以排除短路、漏油、放火等导致起火的因素

（2）与自燃相关的几个问题

1）车体上的主要易燃物。车体上的主要易燃物品有导线、车身漆面、内饰、塑料制品、轮胎等，这些物品一旦遇火，就会起到明显的助燃作用。

2）发动机熄火后的自燃。发动机熄火以后，有时汽车反而会自行起火燃烧，这种现象令人费解。其实，当发动机熄火以后，由于失去了风冷条件，车体温度反而会有所上升，有可能导致临近燃点的物品起火燃烧。

3）车厢内部是否会自行起火。这种现象理论上存在，但实际几乎不可能。原因是车内无火源，再加之内饰大多带有一定的阻燃功能，因此，一般不会自车内起火燃烧。

4）晒爆的打火机与自燃。有时，驾驶人会将一次性气体打火机放置在仪表板处，如果在烈日下暴晒，很有可能被晒爆。爆炸的打火机可以打坏仪表板，如果恰巧将仪表板上的电源线打断了，所产生的电火花就有可能将迷漫在驾驶室内的可燃气体引燃。

5）报警器与自燃。对于私自安装的报警器来说，一方面未经功率复核，另一方面又是始终在通电，如果导线偶然断开或者烧焦，就容易成为汽车上的火源点。

6）自燃后的轮胎。汽车起火以后，由于风向的缘故，两侧轮胎的燃烧程度并不一致，一般说来，顺风向的轮胎会烧得严重，逆风向的轮胎则一般不会燃烧（图 1–21）。另外，由于地面的散热条件较好，而且地面与轮胎之间没有空气的流通，所以，轮胎的接地点一般也不会燃烧。

7）拆卸油管可能引起自燃。对装有电喷发动机的汽车来说，发动机熄火以后，油管中仍然会有一定的残余压力。如果此时马上动手拆卸油管，则会喷出汽油，引发火灾。

8）自燃与油箱爆炸。在影视作品中，汽车的燃烧往往会伴随着油箱的爆炸，给人以视觉的强烈冲击。在实际的汽车火灾现场，极少发生油箱爆炸事件。伴随着汽车的燃烧，油箱中的汽油往往只是会被烧光。这是因为，在汽车燃烧的过程中，油箱内并无空气，燃烧火焰无法被引入到油箱内部。但是，车体燃烧所产生的高温会对油箱及其内部的汽油产生强烈的烘烤，导致油箱中的汽油挥发，从而产生了较高的气压，将加油口盖顶开，汽油挥发而出，快速燃烧，直至烧光。

图 2 － 21 起火后被烧爆的前轮轮胎

2. 汽车的引燃

汽车被引燃的原因主要包括遗留火种、外界起火点燃、故意纵火焚烧等几种情况，调查的要点见表 1–3。

表 1–3 汽车引燃的调查要点

内容	认定要点
遗留火种引燃	①经现场勘验和调查询问，可以确定起火部位 ②起火部位绝大多数在驾驶室。对于载货汽车来说，可能会发生在货厢内 ③在起火部位未发现电路或电气设备可能的故障点，即使存在相关电器物证，经现场分析或鉴定均为火灾作用的结果，如二次短路熔痕和火烧熔痕等 ④在起火部位存在引燃起火的特征，有局部燃烧炭化的严重现象 ⑤可以排除人为故意因素的存在，特别是放火骗保的可能
它物燃烧引燃被保险汽车	①一辆汽车先着火，后又引燃他车着火 ②损毁严重时，对于谁是火源认定较为复杂
故意纵火焚烧车辆	①经现场勘验和调查询问，基本可以确定起火部位 ②有一个或一个以上起火点，且大都在驾驶室内、发动机舱前部、前后轮胎、油箱附近等 ③经调查询问等一系列工作，发现存在骗保或报复放火的可能性 ④在起火部位附近有选择地提取相关物证，如窗玻璃及车体外壳附着烟尘、炭化残留物、地面泥土烟尘、可疑物品残骸以及事发现场附近墙壁、树干、隔离带等表面附着烟尘等，送检。结果发现存在汽油、煤油、柴油、油漆稀释剂等助燃剂燃烧的残留成分，并可排除属于汽车自身燃油的可能性 ⑤在起火部位未发现电路或电气设备可能的故障点，即使存在相关电气物证，经现场分析或鉴定均为火灾作用的结果，如二次短路熔痕和火烧熔痕等 ⑥虽然在起火部位提取的相关物证经鉴定分析未检出助燃剂成分，但经现场勘验确认起火部位无电气火源存在，同时可以排除遗留火种的可能性

五、汽车火险的道德风险分析

导致汽车起火的原因很多，绝大多数的起火原因都在保险公司的理赔范围之内，但却不包括被保险人、被保险人的家人、被保险人允许的驾驶人及其家人的故意行为。

可是，一旦发生因故意行为而造成的汽车起火，往往都是时过境迁，令查勘人员的取证变得十分艰难。

为了规避汽车起火索赔时的道德风险，查勘人员可以在汽车被烧毁以后，通过仔细询问车主或驾乘人员，分析车辆自身以外的蛛丝马迹，查勘车辆的燃烧情况，初步分析出是否属于道德风险。

涉嫌汽车火灾道德风险的主要现象有：

①使用年限在5年以上，或行驶里程在10万km以上的汽车，在投保时却基本按新车价格进行全额投保。

②汽车起火烧毁地点不是在市区，也不是在主要道路上，而是在城乡结合部相对偏僻的小路上。

③汽车起火时，车主亲自驾车的现象居多；起火以后，车主或驾驶人首先选择向保险公司报案，而不是拨打110或119求救电话，有违常规。按照一般规律，人们记住110或119求救电话的可能性远比记住保险公司报案电话的可能性要大，发现火灾险情以后，会首先想到向110或119报案的做法也符合人们的思维习惯。

④汽车自燃的时间不是在白天，而是在夜间（夜晚9点至次日凌晨5点之间）。按照一般规律，白天气温高，油气蒸发程度更加严重，发生自燃的可能性更大。

⑤起火的季节不是发生在夏天，而是其他季节。虽然从理论上来说，任何一个季节都有发生自燃的可能性，但是，根据火灾实际发生的情况统计，汽车夏季自燃的发生概率远远大于其他季节。这是因为夏季气温高，油气蒸发多，汽车的散热条件又相对困难，在同等条件下，更易发生自燃。

⑥汽车的烧损程度非常重，整车呈现出面目全非的概貌，甚至出现不止一处的严重烧损地方，令人难以判断出最初的起火位置，不符合汽车自燃的常规。

⑦驾乘人员的个人物品均被及时地“抢救”了出来，没有造成任何损失，或者，虽有个别损失，但无足轻重。

⑧驾乘人员神态自然，没有遭遇突发事件后的紧张、焦虑、恐怖感，也没有私人财物遭受重大损失后的心疼感。

⑨车主或驾驶人随身携带着保单，向保险公司索赔的资料基本齐全，而且未曾遭遇任何遇火损失，对赔付规定和索赔流程基本熟悉。

⑩坚决反对查勘人员要以汽车的实际价值赔付而不是按投保价值赔付的语言“试探”，态度坚决而强硬。

第三节　火烧车辆的定损

汽车起火燃烧以后，其损失评估的难度相对大些。

一、火灾对车辆损坏情况的分析

火灾对车辆所造成的损坏，一般分为整体燃烧和局部燃烧。

1）整体燃烧。整体燃烧（一般情况下损坏较严重）是指：机舱内电路、电器、发动机附件、仪表台、内装饰件、座椅烧损，机械件壳体烧熔变形，车体金属（钣金件）件脱炭（材质内部结构发生变化），表面漆层大面积烧损。

2）局部烧毁。局部烧毁分三种情况：

①机舱着火造成发动机前部电路、发动机附件、部分电器、塑料件烧损。

②轿壳或驾驶室着火：造成仪表台、部分电器、装饰件烧损。

③货运车辆货厢内着火。

二、火灾车辆的定损处理方法

对明显烧损的零部件进行分类登记。

对机械件应进行测试、分解检查。特别是转向、制动、传动部分的密封橡胶件。

对金属件（特别是车架，前、后桥，壳体类）应考虑是否因燃烧而退火、变形。

对于因火灾使保险车辆遭受损害的，分解检查工作量很大，且检查、维修工期较长，一般很难在短时期内拿出准确估价单，只能是边检查边定损，反复进行。

三、火灾汽车的定损

如果汽车的起火燃烧被及时扑灭了，可能只会导致一些局部的损失，损失范围也只是局限在过火部分的车体油漆、相关的导线及非金属管路、过火部分的汽车内饰。只要参照相关部件的市场价格，并考虑相应的工时费，即可确定出损失的金额。

如果汽车的起火燃烧持续了一段时间之后才被扑灭，虽然没有对整车造成毁灭性的破坏，但也可能造成比较严重的损失。凡被火“光顾”过的车身的外壳、汽车轮胎、导线线束、相关管路、汽车内饰、仪器仪表、塑料制品、外露件的美化装饰等可能都会报废，定损时按需更换件的市场价格、工时费用等确定损失金额。

如果汽车起火燃烧的程度十分严重，外壳、汽车轮胎、导线线束、相关管路、汽车内饰、仪器仪表、塑料制品、外露件的美化装饰等肯定会被完全烧毁。部分零部件，如控制电脑、传感器、铝合金铸造件等，可能会被烧化，失去任何使用价值。一些看似“坚固”的基础件，如发动机、变速器、离合器、车架、悬架、车轮轮毂、前桥、后桥等，在长时间的高温烘烤作用下，会因“退火”而失去应有的精度，无法继续使用。此时，汽车离完全报废的距离已经很近了。

第二章 汽车火灾案例分析

汽车火灾令人触目惊心，无论是什么原因导致的起火燃烧，都会使车主及周边之人措手不及。

即使扑救及时，汽车也会被烧得满目疮痍。如果扑救不及时，整个汽车转眼之间就会化为灰烬。若在行驶中起火，还会给驾乘者造成严重的人身伤害。

如果被烧毁的汽车已经向保险公司投保了车险，是否投保了自燃损失险对理赔过程和结果影响颇大。

因此，准确分析起火原因，掌握避免火灾的方法及扑救措施，了解汽车火险的理赔规则，无论是对车主还是对保险公司的查勘定损人员，都具有十分积极的意义。

第一节 概 述

一、汽车火灾分类

从汽车保险理赔的角度来说，按照汽车火灾的起火原因，造成车辆损失的火灾大致可以划分为七种类型：自燃、被引燃、碰撞起火、爆炸起火、机械故障导致的起火、烘烤导致的起火、被雷击起火。

虽然汽车起火燃烧之后往往都是面目全非，但每种起火原因导致的汽车起火燃烧，往往都有其一定的特征，分析这些特征，就会找出汽车起火燃烧的具体原因，从而分析出是否应该给予保险赔付。

二、汽车火灾原因

物质燃烧过程的发生和发展，必须具备以下三个必要条件，即：可燃物、氧化剂和温度。只有这三个条件同时具备，才可能发生燃烧现象，无论缺少哪一个条件，燃烧都不能发生。失去了控制的燃烧便形成了火灾。

汽车起火，尽管原因可能极其复杂，但就其实质而言，也一样离不开物体燃烧的三大基本要素，即：

第一，火源，亦即起火点。
第二，可燃烧的物体。
第三，充足的氧气（或空气）。

分析、判断一辆汽车的起火原因时，应该围绕这三大基本要素展开。

三、汽车火灾的特点

1. 火势发展蔓延迅速

汽车一旦发生火灾，温度将迅速升高，使燃烧强度增加，一旦油箱被烧穿参与燃烧，就很有可能使整个汽车迅速燃烧直至报废（图 2–1）。

图 2–1 起火燃烧的轿车

汽车火灾，无论是因为交通事故、撞车导致的电器短路、油路泄漏，油箱破裂发生火灾，还是因为车辆自身故障所发生的火灾，都带有很大的突然性。前者是撞车后紧接着起火，后者则由于火源的隐蔽性，在初期并没有被发现，后来由于汽车自身可燃物较多，周围助燃空气充分，火势发展迅速。汽车火灾燃烧猛、蔓延快，容易发生爆燃和造成重大人员伤亡及财产损失。交通事故导致汽车发生火灾时，多数情况下是若干车辆连续碰撞造成的火灾或爆炸。车内驾驶人及乘员可能因车辆相撞损坏而被挤压，人员受火势威胁，造成重大伤亡；汽车火灾产生的高温，很容易导致车上的燃油箱爆裂；车辆燃油洒落地面，极易造成火势迅速蔓延扩大；由于汽车火灾多发生在公路上，没有近地水源，随车的灭火设备灭火能力有限（有的还没有灭火设备），火势很容易进入猛烈阶段。从大量的汽车火灾来看，一般一辆汽车从起火到汽车几乎被烧尽不超过 40min，很多车也就 20min 左右即可被烧化为一堆废铁。

2. 车辆疏散困难

汽车在特定位置停放之后，驾驶人一般都会采取相应的安全措施，如拉紧驻车制动，关闭电源和窗户、锁门等，从而使汽车失去机动能力。停驶状态的汽车一旦起火，想依靠人力来疏散就相当困难了。

在公路上行驶的汽车一旦起火，通常会造成交通堵塞（图 2–2），也可能由于交通堵塞出现新的车辆碰撞、翻车事故等，又诱发新的火灾事故。

图 2–2 发生于城市道路的汽车起火事故

3. 扑救困难

汽车一旦起火，往往给人们带来恐慌，由于汽车发生火灾地点不确定，往往出现报警晚，水源缺乏等不利因素。

4. 财产、人员伤亡严重

俗话说“贼偷三次不穷，火烧一把全光”。

汽车起火，由于扑救不及时，往往会导致车辆自身甚至随车物品全部烧毁（图 2–3）。加之内部空间有限，如车辆经过撞击变形发生火灾后，汽车的门窗难以打开，人员拥挤易造成伤亡。对于一些高档豪华客车，发生火灾一旦火势猛烈，往往由于人员心慌意乱，争相逃生，会使得车门、窗阻塞，甚至打不开，车内人员很难逃出车外。

图 2–3 运送宝马新车的运输车起火燃烧

第二节 自 燃

根据保险公司的相关条款，汽车的自燃被定义为：“指在没有外界火源的情况下，由于本车电器、电路、供油系统、供气系统等被保险机动车自身原因发生故障或所载货物自身原因起火燃烧”。图 2–4 所示即为公路上正在自燃的客车。

汽车自燃一般都是油路、电路故障，汽车改装部件损坏、车载货物起火等原因造成的。经验得知：旧车发生的自燃事故远比新车要多！

图 2–4 公路上正在自燃的客车

其实，旧车容易自燃是与不少旧车车主不注重对自己汽车的维护保养直接有关的。而新车发生自燃的主要原因在于车主一般都会给车辆配备防盗器、换装高档音响、改进造型、添加空调等，这些工作如果不到专业维修店去完成，便会给自燃事故的发生埋下隐患。如果安装者的技术水平有限，他们就不会去分析车辆的电路布置和具体结构，更不会考虑将不同电路的功率进行计算，从而决定从哪里获取电源会更加合理，而只是随便地就近乱引电线，负荷大的地方不加熔丝，易摩擦处也未进行有效地固定等。这些错误地加装或维修，不可避免地会给自燃事故留下隐患。

此外，汽车长途行驶、超负荷装载，使发动机各部件在长时间内不停地运转，造成温度升高，再加上天气酷热，发动机通风设备不好，易造成电源线短路，便可能引起自燃起火。

值得一提的是，车载货物的放置不当，也会发生相互碰撞，从而产生火花，引起汽车自燃。

消防专家、汽车理赔专家的统计表明：在汽车自燃事故中，行驶状态发生火灾者居多，约占 70%；车辆使用 5 年（或 10 万 km）以上发生火灾者居多，约占 70%；火灾原因以漏油和导线短路居多，占 60% 以上。

汽车自燃的原因涉及油路、电路、装载等方方面面。

1. 漏油

较为严重的汽车自燃，一般都是燃油系统出现了问题。

汽车上燃油的泄漏可以说是引发严重汽车自燃的罪魁祸首，油箱中泄漏出来的汽油是汽车上最为可怕的助燃物。漏油点大多集中在管件接头处、橡胶管接触体外易摩擦处、固定部位与非固定部位的结合处等薄弱地方。图 2–5 为一辆因为漏油而起火烧损了的捷达轿车发动机。

无论是行进还是停驶，汽车上都可能存在火源，如点火系统产生的高压电火花、蓄电池外部短路时产生的高温电弧、排气管排出的高温废气或喷出的积炭火星等，当泄漏的燃油遇到了火花，就会造成起火。

在采用化油器的汽车上，汽油滤清器一般安装于发动机的机舱内，距缸体及分电器的距离往往很近，一旦因燃油泄漏而使机舱内的混合气达到一定浓度，只要有明火出现，汽车的自燃事故将不可避免。

图 2–5 因漏油而完全烧损的捷达轿车发动机

2. 漏电

汽车上的漏电分为高压漏电和低压漏电两种类型。

1）高压漏电。发动机工作时，点火线圈自身的温度是很高的，有可能使高压线的绝缘层软化、老化、龟裂等，导致高压漏电。另外，高压线脱落引起跳火也是高压漏电的一种表现形式。

由于高压漏电是对准某一特定部位持续进行的，必然引发受电击部位的温度升高，引燃泄漏出来的汽油。

汽车在使用了 5 年或 10 万 km 以后，很容易出现高压线漏电现象，瞬间电压可以达到 10000 ~ 30000V，这足以引燃一定浓度的汽油蒸气。另外，如果点火系统存在着因漏电而使个别气缸断火的现象，还容易造成进气系统的回火，引起起火。

在目前发生的汽车自燃事故中，长途客车一直占据着绝大多数，这是意料之中的事情。原因在于：长途客车多数时间都在高速运行；检修时间很少甚至没有，在运行了 10 万 km 之后，自燃隐患明显增加。

2）低压漏电。低压电路搭铁漏电是引发汽车自燃事故的另一主要原因。由于低压电路的搭铁处会产生大量的热能，会引燃线外包裹的线皮，如果再与周边的易燃物接触的话，更加容易导致起火。

①低压电路搭铁漏电的主要原因有：

导线老化、过载或磨损；

导线断路搭铁；

触电式控制开关因触点烧结而发生熔焊，使导线长时间通电而过载；

冬季天气干燥，橡胶件及塑料件因老化、硬化、龟裂而造成短路；

某些私家车用户对刚刚购置的汽车疼爱有加，添加防盗器、换装高档音响、增加通信设备、开设电动天窗、添加空调等，如果因为价格等原因未在专业的汽车维修店改装，未对整车电路布置进行分析及功率复核，难免就会导致个别电路的用电负荷加大；

在对整车进行电路维修或加接控制元件时，如果在导线易松动处未进行有效固定，有可能使导线绝缘层磨损，造成短路。

②低压线常见的搭铁故障有：

电缆线与车架、线夹之间由于振动摩擦产生“破皮”。

尾灯、制动灯导线等由于汽车的振动摩擦而产生“破皮”。

灯座安装处由于振动、连接件的破损而使绝缘件松脱、损坏。

起动开关由于触点烧结而发生熔焊等。

3. 接触电阻过大

电路接点不牢或触电式控制开关触点接触电阻过大等，会使局部电阻加大，长时间通电时发热。

局部电阻过大会产生热能，使导线接点发热引起可燃材料起火。造成这种情况的，大多是车辆在行驶中由于长时间振动或冷热变化，使电路接点松动。特别是，当蓄电池表面或接线柱有杂质、油污时，它们的长时间腐蚀会造成连接点松动、发热、起火。车辆在装饰时，增加音像和通信设备、自动报警装置、空调等，由于乱接电源和增大负载或接点不实，都有可能引发火灾。

4. 化油器回火

对于采用化油器的发动机来说，车辆在行驶状态或起动过程中，有时会发生化油器回火的现象，主要原因是可燃混合气的比例调节不当、点火过早或者点火顺序错乱等。在这种情况下，车辆常常会加速无力，如急加油则会产生化油器回火或排气管放炮的现象，甚至排出火星，引发火灾。

另外，化油器式的汽车有时会出现供油系统工作不良的现象。个别驾驶人为了省事，采用人工方法向化油器直流供油。此时一旦发生化油器回火，势必导致汽车起火。

5. 车载易燃物引发火灾

当车上装载的易燃物因泄漏、松动摩擦等原因而起火时，导致汽车起火（图 2–6）。

图 2–6 正在自燃的超载载货汽车

6. 维修保养不当

在汽车维修保养的过程中，部分用户只注意修理工是否将汽油滤清器更新，而根本没有在意他们是否对油管进行必要的检查。实际上，橡胶油管在经过长时期较高温度的烘烤之后，很容易因老化而漏油。

另外，市场上假冒的汽油滤清器、劣质

的汽油软管及不符合安装标准的操作方法很多，这些不合格的零部件或不合规范的操作方法，往往会留下汽车自燃的严重隐患。

案例 2-1 吉利美日改装不当引起火灾

【案情简要】报案称，4 月 14 日 9:30 左右，一辆吉利美日牌轿车行驶到城郊结合部的一处十字路口时发生火灾，造成车辆损失（图 2-7）。

经对涉火车辆勘验，基本情况如下：

1）从外观看，汽车的发动机舱盖、两块前翼子板、前保险杠、前灯光组件、车顶的前部等处过火烧损，其他部位漆面尚存。后风窗玻璃、右后车门玻璃、左后车门三角玻璃完好，其他玻璃均损坏。两前轮胎过火部分炭化且左侧明显较右侧严重，两后轮胎气压尚存（图 2-8、图 2-9）。

2）驾驶室内仪表台过火部分的上部出现了塌陷或炭化现象，座椅均过火且上部损坏，下部被烟熏，室内过火烧损的电路未见短路或过载现象，行李舱内未见任何过火痕迹（图 2-10）。

3）发动机舱内前部的散热器、冷凝器过火熔化，塑料进气歧管过火部分熔化且右侧熔化程度明显比左侧严重。空气滤清器总成过火烧损。燃油分配器与输油管周围的橡胶管过火后部分尚有残留。输油管下方的变速器壳上未见明显的过火痕迹，其上部一标牌痕迹清晰地存在。下方的转向机铝质外壳锈蚀痕迹明显。后隔热板过火，隔热棉上部烧损明显，而中部和下部烧损不明显。发动机缸体以下部分烟熏痕迹明显。检查机舱内烧损电路未见短路或过载现象（图 2-11 ~ 图 2-15）。

4）检查车辆的底部，发现被烟熏的痕迹十分明显，输油、输气管路排列有序，未见变形痕迹（图 2-16）。

5）根据驾驶人的描述，该车以前曾经到一家汽车修理厂自行改装过，添加了燃气系统。事故发生的当天，车辆是在行驶过程中起火燃烧的，起火时间为上午 9:30 左右，当时路上行人较多。

图 2-7 事故现场

图 2-8 气压尚存的右后轮胎

图 2–9 气压尚存的左后轮胎

图 2–10 烧损的驾驶室

图 2–11 烧损后的发动机舱（1）

图 2–12 烧损后的发动机舱（2）

图 2–13 烧损后的发动机舱（3）

图 2–14 烧损后的发动机舱（4）

图 2–15 烧损后的发动机舱（5）

图 2–16 被烟熏后的车辆底部

【本案分析】

1）现场勘验发现车辆底部烟熏痕迹明显，输油、输气管排列有序，且未见变形和燃烧痕迹。车辆着火部位集中在前部和上部。

2）根据驾驶人的描述，车辆为行驶过程中起火燃烧的，起火时间为上午9:30左右，当时路上行人较多，所以车辆着火可以排除外来火源引燃的可能性。

3）从烧损之后的车辆整体看，车辆的发动机舱盖、两前翼子板、前保险杠及灯光组件烧损。自车门向后漆面基本完好，所以车辆着火应首先从汽车的前部开始。

4）驾驶室内仪表台过火上部出现塌陷或炭化。座椅过火上部损坏，下部烟熏。室内过火烧损电路未见短路和过载现象。因此车辆着火不可能是驾驶室内的电路故障引起的，室内的着火是被引燃的。

5）检查发动机舱内的烧损电路，未见短路或过载现象的存在，所以车辆着火不是由机舱内的电路故障引起的。

6）发动机燃油分配器与输油管周围的橡胶管过火后的部分尚有残留。输油管下方变速器壳体未见明显过火痕迹，其上部有一标牌，其痕迹仍清晰存在。下方的转向机铝质外壳锈蚀痕迹明显，烧损痕迹不明显，因此车辆着火不是因燃油故障引起的。

7）机舱内的前部散热器、冷凝器过火熔化。塑质进气歧管过火部分熔化且右侧熔化程度较左侧严重。后隔热板过火，隔热棉上部烧损，中部和下部烧损不明显。发动机缸体以下部分烟熏痕迹明显，所以车辆此次着火事故中机舱内上部烧损严重，下部烧损较轻。因此车辆着火应为燃气故障引起。

【本案结论】经案件调查、现场勘验及综合分析认为：该车的着火应为作为汽车燃料的燃气系统泄露了燃气所引起的。假如该车只投保了车损险、自燃险而没有投保新增设备险的话，那么起火造成的损失肯定无法获得保险公司的赔偿。

【本案启迪】车辆的改装应在正规厂家进行，涉及电气系统、燃料供给系统的改装，更应该谨慎，以免留下火灾隐患。

案例 2-2 因仪表台电缆线短路起火燃烧的大众帕萨特轿车

【案情简要】报案称，5月下旬的一天，一辆大众帕萨特轿车行驶到市内商业街停放到路边之后，驾驶人熄火离开。车辆停放约1h后自行起火燃烧。

经现场查勘，发现以下特征：

1）整个车辆已全部过火燃烧，漆面烧毁，铁皮裸露，全车外部塑料件如保险杠、前照灯、尾灯等烧毁，四轮轮胎和铝轮圈烧化（图2-17～图2-19）。

2）发动机周围的塑料件、橡胶件已全部烧毁，铝质件如发电机、空调压缩机、点火线圈等，制动踏板主缸、进气歧管等全部烧化，发动机舱电缆线绝缘外层被烧毁，铜芯裸露，但无烧结和熔珠（图2-20～图2-22）。

3）驾驶室内的仪表台、内饰、座椅等塑料件、橡胶件全部烧毁，电缆线绝缘层被烧毁，铜芯裸露。在仪表台电缆线左端有多处熔珠和烧结点（图 2-23 ~ 图 2-25）。

4）车身部位无任何碰撞的痕迹，车辆的底部也没有发现碰撞痕迹，车底无特别严重燃烧部位（图 2-26）。

图 2-17 烧损后的帕萨特前端

图 2-18 烧损后的帕萨特后端

图 2-19 烧损后的帕萨特侧面

图 2-20 烧损后的发动机舱（1）

图 2-21 烧损后的发动机舱（2）

图 2-22 烧损后的发动机舱（3）

图 2-23 烧损后的驾驶室	图 2-24 烧损的线束（1）

图 2-25 烧损的线束（2）	图 2-26 没有碰撞痕迹的车底

【本案分析】

1）整个车辆全部过火燃烧，漆面烧毁，铁皮裸露，全车外部塑料件如保险杠、前照灯、尾灯等均被烧毁，四轮轮胎和铝质的轮圈烧化，说明汽车的着火程度是十分严重的。这是因为汽车起火之后，全车的塑料件、橡胶件、油料等都已参与了燃烧，因此造成了全车烧毁，铁皮裸露。

2）该车驾驶室内的仪表台、内饰、座椅等塑料件、橡胶件全部烧毁，电缆线绝缘层被烧毁，铜芯裸露。在仪表台电缆线的左端，有多处熔珠和烧结点，说明该车仪表台的电缆线在起火之前就有短路搭铁的现象。电缆线短路搭铁后，造成大电流放电，使电路温度升高直至将电缆线绝缘层熔化引燃。因电缆线与车辆各个部位相连，火焰迅速蔓延，因此将全车可燃物引燃，并最终将全车烧毁。

3）车身部位无碰撞痕迹，车辆底部没有碰撞痕迹，无特别严重燃烧的部位。因此该车着火可以排除车辆因碰撞和外来火源引起的起火。

【本案结论】该车起火的原因是仪表台电缆线短路引起的自燃。

【本案启迪】导线短路引起的车辆起火是非常普遍的一种火灾形式，日常维护时应该注意对导线的保养与维护。

案例 2-3 燃油泄漏导致起火的本田雅阁轿车

【案情简要】报案称，6 日上午 11:15 左右，标的车本田雅阁轿车行驶在一条省级道路上时，不明原因突然起火燃烧。

查勘得知：

1）该车车龄不足 3 年，属于私家车，出险之前的 15 天，刚刚到汽车维修厂更换了三滤、机油，更换了 2 条轮胎，并进行了四轮定位等项目作业（有维修作业单为凭）。

2）事故现场车辆起火燃烧的位置右前方 5m 左右，后方 8m 左右有两堆燃烧后的麦秸灰及部分未烧尽的麦秸（图 2-27）。

3）全车有漫火痕迹，漆面全部烧损，全车门窗玻璃、轮胎、前后保险杠、灯光组件、外饰件等均烧毁（图 2-28）。

4）驾驶室内仪表台、座椅、内饰、空调蒸发器、音响等均烧损严重（图 2-29）。

5）四轮轮圈经高温均有不同程度的熔化，其中右后轮熔化最为严重（图 2-30）。

6）发动机舱盖被高温烘烤后，骨架与外铁皮分离；发动机机舱内橡胶、塑料件全部烧损，散热器、冷凝器、进气歧管、发电机、气门室盖、制动主缸、节气门体等铝质件均有不同程度的高温塌陷及熔化。其中气门室盖后侧部分（车门位置）熔化严重，配气机构已裸露，前侧基本完好（图 2-31、图 2-32）。

7）蓄电池已基本烧损，全车线束均被烧损，导线的铜芯裸露，但经检查未发现短路烧结点（图 2-33）。

8）车底部前侧转向机位置及后部燃油箱加油通道位置燃烧严重，中部位置燃烧强度较低只是熏黑，钢质燃油管完好，橡胶管烧损，燃油箱完好，未见破损（图 2-34）。

图 2-27 事故现场有未完全烧尽的麦秸

图 2-28 过火之后的雅阁

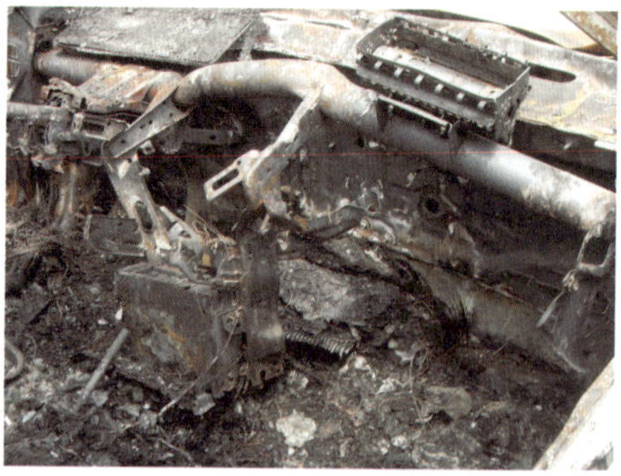

图 2-29 烧损后的驾驶室

图 2-30 烧损后的右后轮

图 2-31 燃烧后的发动机舱（1）

图 2-32 燃烧后的发动机舱（2）

图 2-33 未见线束有烧结点

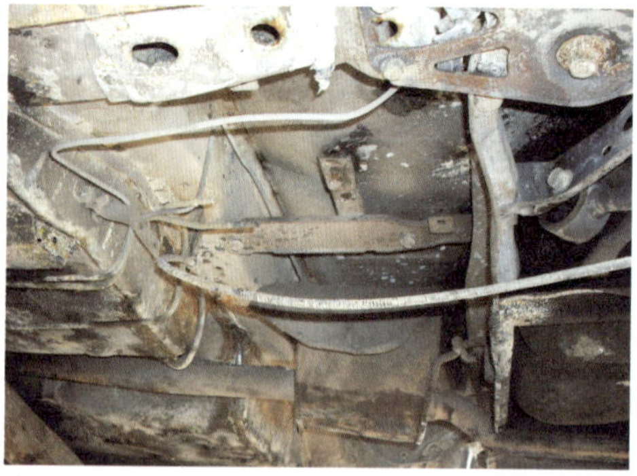

图 2-34 车底完好的钢质燃油管

【本案分析】

1）由于该车车龄不长，行驶里程不多，出险之前不久车主刚刚到汽车维修厂进行了部分项目的维修作业，加之出险时间是在中午时分的省级道路上，当时路上的车辆较多，因此，本案车主故意焚车的可能性不大。

2）根据对事发现场的查勘，该车燃烧时距车轮轧过的路上的麦秸只有 8m 左右的距离。因此，在车轮轧过的过程中，即使汽车的底盘上堆积了麦秸，从而导致排气管或其他原因引燃麦秸也需要一定过程，不可能在瞬间发生起火。因此，可以排除车辆轧过着火事故现场的麦秸造成的着火事故。

3）根据对全车线束的勘查，虽然全车电路燃烧后铜芯全部裸露，但未见有短路烧结现象，说明此次着火事故非线束短路造成。

4）根据整车燃烧后的状况，车后部燃烧强度高的位置，正是燃油管的加注通道，其加注通道为橡胶软管，在燃烧过程中，橡胶软管首先烧损，造成燃油管内的燃油对该位置火势的强力助燃，导致该位置的燃烧强度较高；发动机舱内的前部散热器、冷凝器、进气歧管及发电机等部件的塌陷及熔化应为风扇护圈、支架及其他塑料、橡胶件助燃造成的；气门室盖前侧基本完好，而后侧熔化严重，配气机构已裸露，说明此处燃烧强度较高，而此处本身结构并未有造成其熔化的助燃物。该位置距燃油管路较近，且燃油管路为橡胶软管，并处于钢管与橡胶管的连接位置，其下部为排气歧管，因此可以断定，该车的着火事故是由于燃油管路泄漏遇到灼热的排气歧管引燃造成的。

【本案结论】该车着火是由于燃油管路泄漏燃油造成的。

【本案启迪】在轿车的自燃事故中，油路、电路的故障导致的起火一直占据较高的比例，车主在使用汽车的过程中、汽车维修厂在维修汽车的过程中均需高度重视。保险公司查勘定损人员在判断起火原因是自燃还是碰撞起火时，重要的一点是在烧损的汽车上寻找碰撞变形的痕迹，并结合汽车的结构原理分析该变形是否可能导致起火。

案例 2-4 机油泄漏到排气管引起自燃的金龙大客车

【案情简要】报案称，6 月 7 日，一辆车龄 4 年多、运行了约 50 万 km 的金龙大客车，在高速公路运营的途中，乘客闻到一股焦煳味，便大喊驾驶人停车。驾驶人立即将车停到应急车道并迅速将乘客转移，发现后厢盖处已出现明火，由于手忙脚乱之际无法开启后厢盖，虽已电话报警求救，但因火势太大，造成了车辆的报废。

查勘得知：

1）该车整车严重过火烧损，全车的漆面、玻璃、仪表台、座椅及室内饰板等均已烧毁（图 2-35）。

2）该车的前后轮胎均烧损，只有着地点部分有少量残留物，前、后保险杠、灯光组件及其他外饰件均已烧毁（图 2-36）。

3）从整车被烧后的外观看，大客车无任何碰撞痕迹，驾驶人及乘客也未提供汽车碰撞的证言（图 2-37）。

4）发动机舱内全部过火，塑料制品全部烧毁。发电机铝质外壳被烧，几乎全部熔化，发电机从其原来的固定位置上脱落。废气增压器铝质外壳被烧变形，涡轮转子轴从壳体之间脱落（图 2-38、图 2-39）。

5）发电机右下侧空气压缩机、空调压缩机铝质外壳过火，未熔化，蓄电池被烧损坏。

6）发动机左侧进气歧管只有上部进气口部分被烧熔化变形，其他部分只有过火痕迹。柴油燃油泵、起动机等只有过火痕迹（图 2-40）。

7）该车排气管位于发动机左侧、散热器及冷凝器的上方，散热器、冷凝器均已过火，且冷凝器铝质内侧边框少许熔化，其他部分无被烧变形痕迹（图 2-41）。

8）发动机油底壳及缸体下部过火明显较发动机上部轻。变速器过火较轻（图 2-42）。

9）检查全车被烧裸露电路，没有发现电路短路形成的烧结点。

图 2-35 烧损后的金龙客车外观

图 2-36 烧损后的金龙客车车轮

图 2-37 无任何碰撞痕迹的事故车

图 2-38 烧损后的机舱

图 2-39 烧损后的发电机

图 2-40 轻微烧损的进气歧管

图 2-41 轻微烧损了的散热器

图 2-42 烧损较轻的发动机下部

【本案分析】

1）根据该车全车被烧电路铜芯裸露，但没有发现电路短路形成的烧结点这一事实，分析认为该车火灾不是因电路短路造成的。

2）根据被烧后的整车外观，整车无碰撞痕迹，说明该车火灾不是因碰撞而造成的。

3）根据乘客及驾驶人的证言可知，该车起火时刻为车辆行驶过程中，而且是从车辆后部首先起火的，结合查勘所发现的发动机烧损程度较重这一事实，可以确定该车的起火性质为行驶中发生的自燃。

4）根据整车燃烧情况和实勘情况分析，该车起火位置应在发动机舱内。

5）发动机舱内左侧有排气管、燃油泵、起动机、散热器、冷凝器等。实勘发现：燃油泵、起动机等只有过火痕迹；散热器、冷凝器均过火且只有冷凝器内侧边框少许熔化，其他部分无变形痕迹。说明该车火灾不是因柴油泄漏引起的。

6）该车的发电机铝质外壳被烧，几乎全部熔化，发电机从固定位置脱落。废气增压器铝质外壳被烧变形，涡轮转子轴从壳体之间脱落。可以确定，该位置是火源的中心位置。通过对该车整车结构的分析，可以推定该车的起火原因为发动机的机油管泄漏了机油，并喷到了炽热的排气歧管上所引起的。

【本案结论】该车火灾是由于机油管泄漏喷射到炽热排气歧管引起的火灾。

【本案启迪】对于行驶里程超过了 30 万 km 或者使用年限超过了 8 年的汽车来说，一定要定期进行必要的维护，尤其是油路、电路的维护工作，更应该及时进行。否则，一旦导致燃油、润滑油的泄漏，必定会引发汽车火灾。

案例 2-5 行驶中的重型载货汽车因燃油泄漏引起火灾

【案情简介】据驾驶人报案称：5 月 9 日 18 时左右，他所驾驶的载货汽车在一处建筑工地上行驶时莫名其妙地起了火，造成了车辆的严重损失。

根据驾驶人所提供的资料，结合现场勘验情况，发现基本情况如下：

1）事故发生地为正在施工的一处建筑工地，道路是泥土路面且高低不平，车辆行驶路线较短，事故车辆在工地内运输土方，起火时该车正在卸土。

2）该车的驾驶室、货厢前挡板等过火烧损，货厢后部及第二桥、第三桥周围未见过火烧损；右前轮胎过火橡胶大部分炭化，左前轮胎过火橡胶少部分炭化；货厢前挡板右侧的烧损程度明显较左侧严重（图 2-43 ～图 2-46）。

3）驾驶室内的仪表台总成、座椅等其他物品过火烧损；铝质暖风水箱及蒸发箱过火，只有少部分熔化；仪表台右侧熔丝盒过火未全部烧损，尚有大部分残留；室内线束过火，线芯裸露，检查裸露线芯未发现短路和过载现象（图 2-47）。

4）发动机舱内的散热器、冷凝器过火部分熔化；位于发动机右侧的进气歧管过火后外侧熔化，内侧尚有残留；右侧纵梁过火烧损颜色变白；右侧钢板弹簧过火颜色变白；发动机上部铝质气门室盖过火未见熔化；发动机左侧过火颜色发黑，油底壳左侧、左侧纵梁、左侧钢板弹簧上的油污尚有部分存在；检查机舱内烧损裸露线束，未发现短路和过载现象存在（图 2-48、图 2-49）。

5）检查车辆底部烟熏痕迹明显，未见过火烧损痕迹（图 2-50）。

图 2-43 烧损的载货汽车驾驶室

图 2-44 未见烧损的载货汽车后部

图 2-45 烧损的货厢前挡板左侧

图 2-46 烧损较重的货厢前挡板右侧

图 2-47 烧损的驾驶室	图 2-48 烧损的发动机舱（1）

图 2-49 烧损的发动机舱（2）	图 2-50 烧损的车辆底部

【本案分析】

1）由于车辆底部烟熏痕迹明显，但未见过火烧损的痕迹，而事故发生地为一正在施工的建筑工地，车辆行驶路径较短，路段为泥土路，车辆是在卸土的过程中着火的，因此车辆的着火可以排除外来火源引燃的可能性。

2）由于车辆的驾驶室、货厢前挡板等处均过火烧损，而货厢后部及第二桥、第三桥周围未见过火烧损，所以车辆着火应首先从车辆的前部开始。

3）由于驾驶室内的仪表台总成、座椅等其他物品过火烧损，暖风水箱、蒸发箱、熔丝盒过火未全部烧损尚有部分残留，检查过火烧损线束未发现短路或过载现象存在，所以车辆着火不是驾驶室内的电路故障引起的。

4）由于车辆右前轮的轮胎过火后，橡胶大部分炭化了，而左前轮胎过火橡胶则只有少部分被炭化；货厢前挡板右侧周围的烧损程度明显较左侧周围严重。因此车辆着火应首先是从车辆右侧开始的。

5）由于发动机舱内前部的散热器、冷凝器过火部分熔化；位于发动机右侧进气歧管过火外侧熔化，内侧尚有残留；右侧纵梁过火烧损颜色变白；右侧钢板弹簧过火颜色变白；发动机左侧过火颜色发黑；油底壳左侧、左侧纵梁、左侧钢板弹簧上的油污尚有部分存在。由此可以判定发动机舱内右侧烧损程度较左侧严重，且右侧有燃油助燃物参与燃烧，根据车辆的具体结构可以判定车辆着火应为发动机右侧喷油泵处泄漏燃油引起。因为当燃油泄漏后，在停车后泄漏燃油形成高浓度的油烟，而形成火源。

【本案结论】经询问驾驶人起火征兆，结合现场勘验及综合分析，认为该车的起火应为车辆燃油系统泄漏引起的。

【本案启迪】车辆在使用数年之后，应该经常检查燃油系统的工作可靠性，如果发现油管接头等处松动，应该及时加固或更换。

案例 2-6 重型自卸车因电路故障引起的火灾

【案情简介】车主报案称，他所雇用的驾驶人于 2 月 27 日驾驶一辆满载的重型自卸车在一县乡道路上行驶时，大约在早晨 6:15 行经县城的东外环道路时，没有与任何车辆、物体接触，便起火燃烧，造成较为严重的车损。

经对起火的车辆进行勘验，基本情况如下：

1）车辆的货厢，除前厢板过火外，其他位置未见过火迹象，但驾驶室的周围部分过火严重（图 2-51）。

2）驾驶室左侧的车门及护板过火后，大部分漆面残存；左侧前照灯未见损坏，其上部过火后漆面残存；左侧前轮胎过火后内侧烧损，外侧未见烧损（图 2-52）。

3）驾驶室右侧的车门及护板，过火之后只剩余少量的漆面，而右侧前轮胎过火烧损严重（图 2-53）。

4）车辆前部的进气格栅过火烧尽，前保险杠过火后右前角漆面烧无，其他位置漆面尚存（图 2-54）。

5）发动机舱内的前部、左侧和下部烧损较轻；发动机右侧线束及右侧前纵梁内线束烧损严重；检查烧损线束发现发电机电源线有明显短路烧损痕迹，该电源线从发电机正极连接到起动机正极，中间经过一燃油管，该燃油管上有螺旋状的钢丝缠绕，钢丝与该电源线烧结在一起（图 2-55 ~图 2-57)。

6）驾驶室内前排座椅烧尽，后排座椅尚有少量残余；暖风水箱和继电器盒虽然过火但大部分残留；检查烧损线束未发现短路和过载现象存在（图 2-58）。

图 2-51 车厢大部分未见过火痕迹

图 2-52 燃烧后的驾驶室及左前轮胎

图 2-53 燃烧后的驾驶室及右前轮胎

图 2-54 燃烧后的进气格栅及前保险杠

图 2-55 燃烧后的发动机舱（1）

图 2-56 燃烧后的发动机舱（2）

图 2-57 燃油管钢丝与电源线烧结在一起

图 2-58 燃烧后的驾驶室内

【本案分析】

1）从汽车货厢和驾驶室的过火程度，可以判定车辆着火最先是从车辆前部开始的。

2）根据驾驶室左右两侧和车辆前部的不同烧损程度，可以判定车辆着火首先是从右前侧开始的。

3）根据驾驶室左右两侧和车辆前部的烧损程度，以及驾驶室内暖风水箱继电器盒的烧损程度，可以判定驾驶室着火是被引燃的。

4）由于发动机舱前上部和左侧烧损程度都较轻，而发动机右侧和右侧前纵梁处的线束烧损程度却非常严重，这一点，足可说明车辆的着火不是因发动机的燃油泄漏故障而引起的。

5）由于发动机右侧和右侧前纵梁被烧损的线束、发电机线等处有明显的短路烧损痕迹且与燃油管上的螺旋状钢丝烧结在了一起，可以说明车辆的着火是由该电路的短路最先引起的。

【本案结论】经现场勘验及综合分析认为，该车的着火是由发动机右侧和右侧前纵梁处的线束、发电机电源线等位置的电路短路引起的。

【本案启迪】车辆在运行了一段时间之后，应该经常检查电路的工作状况，线束的捆扎应当十分牢固，以免产生搭铁现象。

案例 2-7 回油管路泄漏导致的装载机起火燃烧

【案情简要】报案称，11 月 25 日下午 3:00 左右，一台装载机在原料厂正常工作时，发现油泵处冒烟，驾驶人遂停车检查，发现该位置开始出现明火，虽立即开始自行灭火，但还是导致发动机部分比较严重的烧损。

查勘得知：

1）该车车龄约有 3.5 年，过去的几年间，使用密度属于中等程度。出险之前的 6 天，该车曾经到修理厂进行过包括油路在内的维修作业。

2）勘验时车辆已运至上次曾经对该车进行维修作业的汽修厂院内（图 2-59）。车辆着火部位主要集中在发动机舱内和驾驶室内，价值昂贵的全车轮胎没有任何损伤。

3）驾驶室内仪表台、座椅等装饰件均烧损，驾驶室的外壳整体过火烧损（图 2-60）。

4）玻璃钢材料的发动机舱盖、发动机周围部分过火烧损，其他位置有一部分过火，尚有未燃烧完的残留物（（图 2-61）。

5）发动机油底壳没有过火痕迹，只有烟熏痕迹。发动机右侧过火但标牌尚完好无损（图 2-62），缸体部位的油漆尚存，发动机左侧燃烧程度明显较右侧严重，高压油泵的前部过火燃烧后颜色变红，后部过火燃烧后颜色变黑（图 2-63）。

6）勘验时排气歧管已从发动机拆下，固定在排气歧管上的增压器铝质端有部分被烧熔化（图 2-64），发动机上部铝质气门室盖过火塌陷。气门室周围救火时遗留的残留物上有油污存在，同样的残留物在车辆其他部位没有油污存在（图 2-65）。检查燃烧后的各喷油器高压油管固定牢固。喷油器的回油管路为一铁质整体式结构，喷油器回油管路和高压油泵回油管在高压油泵前部相连接。两回油管连接处呈断开状态（图 2-66）。检查车辆电路未发现短路形成的烧结点或过载现象。

7）勘验时装载机铲斗已拆下，铲斗固定臂及液压举升装置没有过火痕迹。

图 2-59 位于修理厂的被烧装载机

图 2-60 过火后的驾驶舱

图 2-61 过火后的发动机舱

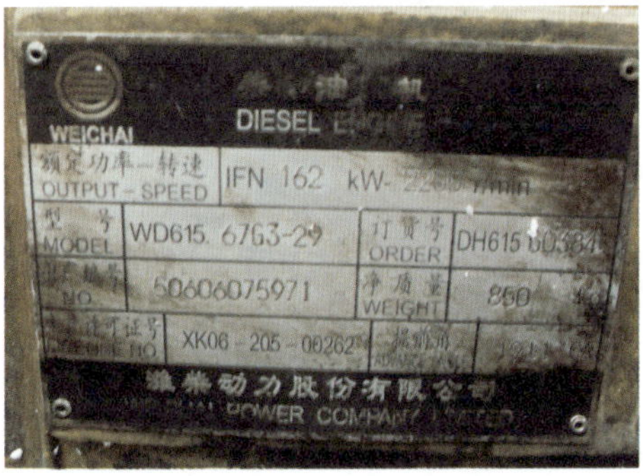

图 2-62 完好无损的车辆标牌

图 2-63 变成了暗红色的高压油泵

图 2-64 排气歧管上增压器铝质端部分熔化

图 2-65 气门室周围救火时遗留的残留物

图 2-66 呈断开状态的回油管连接处

【本案分析】

1）该车车龄约有3.5年，过去几年间的使用密度属于中等程度，应该属于比较好的车况；出险之前6天刚刚对该车进行过专业维修，说明车主对该车比较爱惜；出险后驾驶人积极施救，火势只是导致了局部烧损，说明驾驶人努力扑救了所发生的火灾事故。

2）车辆前部铲斗的固定臂及液压举升装置没有过火痕迹，可以判定车辆起火部位不在车辆的前部。

3）检查车辆电路，未发现短路形成的烧结点或过载现象，可以判定车辆起火原因不是因电路短路或过载造成的。

4）发动机左侧燃烧程度明显较右侧严重，高压油泵前部过火燃烧后颜色变红，排气歧管上的增压器铝质端有部分被烧熔化，说明燃烧温度在650℃以上，进一步说明发动机左侧上部在燃烧过程中有助燃物参与。

5）发动机上部铝质气门室盖过火塌陷，气门室周围救火时遗留的残留物上有油污存在；同样的残留物在车辆其他部位没有油污存在。检查燃烧后的各喷油器高压油管固定牢固，喷油器的回油管路为一铁质整体式结构，喷油器回油管路和高压油泵回油管在高压油泵前部相连接，勘验时两回油管连接处呈断开状态。说明车辆的起火原因是因回油管路断开后泄漏了燃油造成的。

【本案结论】经勘验及综合分析，车辆起火原因是因回油管路泄漏造成的。

【本案启迪】

1）分析车辆的起火原因，不能只是从烧损之后的车辆自身状况来看，车况的好坏、车龄的长短、起火之后车主或驾驶人施救的态度，可以间接帮助查勘人员分析车辆的火灾事故是否存在道德风险。

2）对于柴油发动机，油管内的柴油压力是很高的，油路中的些许瑕疵都可能导致漏油事故的发生，从而导致汽车的起火。

3）《机动车维修管理规定》中第三十七条规定：“机动车维修实行竣工出厂质量保证期制度。汽车和危险货物运输车辆整车修理或总成修理质量保证期为车辆行驶20000km或者100日；二级维护质量保证期为车辆行驶5000km或者30日；一级维护、小修及专项修理质量保证期为车辆行驶2000km或者10日。摩托车整车修理或者总成修理质量保证期为摩托车行驶7000km或者80日；维护、小修及专项修理质量保证期为摩托车行驶800km或者10日。其他机动车整车修理或者总成修理质量保证期为机动车行驶6000km或者60日；维护、小修及专项修理质量保证期为机动车行驶700km或者7日。质量保证期中行驶里程和日期指标，以先达到者为准。机动车维修质量保证期，从维修竣工出厂之日起计算。”本案中，车主在出险前6天曾经到维修厂进行过专业维修，而且维修项目包含了油路，由于修竣之后不足10天，仍在汽车维修的质保期之内。因此，车辆出现油管断开、导致漏油起火的事故完全是修理厂的责任，保险公司无需承担赔偿责任。

案例 2-8 行驶中的载货汽车因货厢中电动助力车起火导致的火灾

【案情简介】报案称，车主于春节前购买了一辆凯马 KMC1103P3 汽车，他本人于 2 月 8 日驾驶该车由老家到 260 多 km 的外地去打工。当晚 21:30 左右，当车辆行驶至某县城主干道时，驾驶人从后视镜里发现车辆着火，便立即停车自救。救火期间还先后拨打了 119 和 110，大约过了 20 多 min 的时间，消防人员赶到现场将火扑灭。火灾造成车辆驾驶室和后货厢烧毁。后货厢中有随车携带的被褥和电动自行车等生活用品。

经对涉火车辆现场勘验，基本情况如下：

1）从整车来看，驾驶室的烧损最为严重，货厢较轻（图 2-67）。

2）在货厢内的所有货物中，电动助力车的烧损程度最为严重，且其电路有明显的短路或过载现象（图 2-68、图 2-69）。

3）驾驶室内的座椅全部被烧毁，仪表台塑料材质全部烧光；铝制暖风水箱部分熔化。但所烧损的电路及熔丝盒未发现短路和过载现象（图 2-70）。

4）驾驶室外表面后部烧损严重，前部较轻，两侧车门均有少量漆面残存；前保险杠两端有漆面残存；左侧前照灯烧光，右侧前照灯少部分熔化；右侧前照灯上方的漆面有部分存留（图 2-71）。

5）发动机舱内仅位于发动机上表面的橡胶软管表层出现烘烤熔化迹象，且呈现后部严重前部较轻的迹象，其他部位过火痕迹不明显（图 2-72）。

6）货厢前部厢板烧损严重，两侧较轻（图 2-73、图 2-74）。

图 2-67 烧损后的车辆概况

图 2-68 货厢内被烧损的电动助力车（1）

图 2-69 货厢内被烧损的电动助力车（2）

图 2-70 烧损后的凯马驾驶室

图 2-71 烧损的驾驶室外表面

图 2-72 燃烧后的发动机舱

图 2-73 燃烧后的货厢前厢板

图 2-74 燃烧后的货厢侧厢板

【本案分析】

1）根据发动机舱的烧损情况，可以排除燃油泄漏引起的火灾。

2）驾驶室烧损虽然严重，但其外表面和前部烧损较轻，且火焰蔓延方向是从前向后。室内烧损的电路未发现短路或过载痕迹，说明起火原因不是电路短路所致。

3）货厢厢板虽然烧损较轻，但货厢内电动助力车却烧损严重且有明显的短路或过载痕迹，所以车辆火灾是因货厢内电动助力车首先着火引起的。

【本案结论】经对涉案车辆的勘验及综合分析认为，车辆火灾是因货厢内装载的电动助力车被颠簸之后导致电路短路，从而引燃了车内的被褥，造成了全车的烧损。

【本案启迪】随车装载的货物一定要捆扎牢固，以免颠簸之后导致起火燃烧。必要时可以对货物进行分类装载。

第三节　车辆被引燃

所谓车辆“被引燃”（或被点燃），指的是由于车辆自身以外的火源引起的、在时间或空间上失去控制的燃烧（即有热、有光、有火焰的剧烈氧化反应）。

1. 汽车被引燃的类型

汽车的被引燃，根据燃烧原因的不同，具体可以分为以下几种类型：

1）意外起火引燃。在汽车停放地附近，其他物体意外地起火燃烧（包括建筑物起火、其他车辆起火、燃烧的烟头、燃烧的烟花等），引燃了停放在火源旁边的汽车。

2）明火烘烤柴油油箱。采用柴油发动机的汽车，有时冬季因气温下降，油箱内的柴油凝结可能会出现供油不畅的现象。为了能够使发动机顺利起动，个别驾驶人会在油箱外用明火烘烤（图 2–75），以便使凝固了的燃油流动通畅。这种做法极易引起火灾，所以在车辆损失险条款中特意将此类火灾原因列为责任免除。

图 2–75 明火烘烤柴油发动机的油箱

3）人为纵火。所谓人为纵火即人为故意焚烧汽车，如果行为人为被保险人或其允许的驾驶人及他们家人的故意行为的话，则不属于保险责任；如果是第三者的纵火焚车行为，则赔偿责任人为纵火者本人（图 2–76）。

4）加油时静电起火。汽车在加油时，会产生一定的静电，如果汽车持续加油时间较长，加油速度较快，而汽车或加油装置上消除静电的设备又工作不良的话，就有可能引起起火。

图 2–76 东南亚某国发生动乱时被点燃的汽车

一旦发生汽车被引燃的事故，无论是车主还是保险公司，都希望得到事实的真相，以便与汽的自燃进行准确区分，判断是否属于保险责任。

2. 汽车被引燃的特征

车辆“被引燃”的事故，一般具有以下几个特征：

1）汽车的起火时间一般集中在夜间，车辆大多处于停驶状态，因为这个时段很少有目击证人。个别纵火案会发生在白天，但地点一般比较偏僻。

2）在事故现场或烧损的车上，会发现有外来引燃物品的残留物，如布类、秸秆、野草、烟花爆竹碎纸、油类等。

3）分析车辆着火之后的烧损痕迹，一般会呈现出由外向内的蔓延方向，烧损程度也基本属于外重内轻。

4）就汽车自身的结构而言，在车辆的起火点处大多不具备构成车辆自燃的三要素（可燃物、火种、二者的有机结合）。

案例 2-9 因燃放烟花引燃轿车

【案情简介】车主报案称：2012 年农历正月十五晚 8 点左右，停放在某小区内的一辆轿车不明原因地起火燃烧，导致车辆受损。

查勘人员经现场查勘，发现情况如下：

1）勘验时车辆仍在事故发生地未移动，前风窗玻璃、左侧前车门和右侧车门窗玻璃未损坏，其他车门及后风窗玻璃左半部均有损坏（图 2-77）。

2）车辆过火烧损部位集中在左后位置，发动机舱盖、两块翼子板、右侧车门未见过火痕迹，漆面完好，两前轮未过火，胎压尚存，右后轮胎内侧轻度过火，左后轮胎几乎全部烧无，铝质轮圈内侧前下部（以勘验时位置为准）熔化，上部和后部未熔化（图 2-78）。

3）发动机舱内未见过火痕迹，有烟熏痕迹。驾驶室内座椅的座套，坐垫过火烧损，仪表台未过火，后装饰板过火烧损。

4）行李舱内左侧音响功放过火烧损，右侧有烟熏痕迹，底板装饰板未烧损，后机盖内表面漆面大部分存在（图 2-79）。

5）后保险杠杠皮过火后脱落，左后侧灯具总成烧无，右后侧灯具总成有部分残留。左后翼子板过火后颜色变白，右后翼子板过火后颜色变浅黑色，后机盖外表面过火，漆面烧损。车辆底部左半部绝大部分非金属防护板过火脱落。左后车轮位置有未烧尽的鞭炮纸残留和车辆塑料制品燃烧残留物的碎块（图 2-80 ~ 图 2-82）。

6）检查车辆被烧电路，未发现短路和过载现象。

图 2-77 车辆左后部烧损较重

图 2-78 车辆右后部烧损较轻

图 2-79 行李舱内左后部

图 2-80 左后轮前部及下部呈白色

图 2-81 左后轮轮圈前侧熔化（1）

图 2-82 左后轮轮圈前侧熔化（2）

【本案分析】

1）检查车辆被烧电路未发现短路和过载现象，且着火时车辆在停驶状态下，所以车辆着火不是因电路故障引起的。

2）发动机舱内未见过火痕迹，驾驶室内座套和坐垫部分轻度烧损，仪表台未见过火，左后立柱处装饰板过火烧损。所以着火不是从发动机舱和驾驶室内开始的。

3）车辆右侧车门、发动机舱盖、两前翼子板、左前车门未见过火痕迹，后机盖、两后翼子板过火烧损，所以车辆着火应首先从车辆后部开始。

4）行李舱内左侧音响功放有轻度过火痕迹，由于功放受点火钥匙控制，停车后在点火钥匙拔出的情况下功放已无电。行李舱内为烟熏痕迹，塑料下护板未烧损，后机盖内漆层大部分存在，所以行李舱内部不是火源位置。

5）左后翼子板过火颜色变白，右后翼子板过火颜色变浅黑色，左后轮胎过火几乎全部烧无，左后轮铝质轮圈过火后内侧前下部熔化，其铝质轮圈外表面上黑下白，上部、后部未见熔化，右后轮胎后内侧部分轻度过火，右后轮圈未见熔化。

6）车辆底部左侧非金属防护板过火脱落，左后轮位置有未烧尽的鞭炮纸残留和车辆塑料制品燃烧残留物的碎块。根据勘验情况，该车是由燃烧的鞭炮纸将左后轮前侧点燃的，之后点燃后保险杠皮的左端位置，杠皮又将左后灯光组件点燃，之后蔓延至其他位置。因此，可以推断该车着火先从左后车轮位置开始且为外来原因引起。

【本案结论】经调查了解、现场勘验、推理分析认为：该车的着火应该是由燃烧的烟花纸将左后轮引燃造成的。

【本案启迪】

1）本案具有典型的外来火源特征，例如：车辆处于停放状态；有外来引燃物品；车辆着火后的过火痕迹呈现由外向内、外重内轻、有蔓延特征等。

2）常有因燃放烟花爆竹首先将地面上的草坪及杂物点燃，后又将车辆点燃的情况发生，因此要注意不要将车停放在易燃物旁边，避免被殃及着火。

案例 2–10 团伙作案纵火焚烧轿车

【案情简介】报案人电话报案称，5 月 7 日晚 23:15 左右，由他自己亲自驾驶的一辆标的轿车在与另一辆轿车发生意外碰撞事故后侧立于柏油道路的中间而起火燃烧（图 2–83），造成双方车辆均受损的严重事故。

经现场查勘，发现有以下迹象：

1）全车烧损属等强度燃烧，无明显起火点；侧翻后朝上的左侧烧损严重；与地面接触的右侧留有部分漆面及防撞胶条，但未见明显的划痕（图 2–84）。

2）左后车门有碰撞痕迹，碰撞面积约为 700mm × 600mm，最大变形深度为 100mm 左右，离地高度约为 470mm，其他部位未发现任何碰撞及刮擦痕迹（图 2–85）。

3）车内座椅、仪表台、内饰及全车玻璃、轮胎、发动机舱内附件等全部烧损。驻车制动器的手柄处于有效制动位置（图 2–86）。

4）位于车底部右侧的燃油输油管除橡胶管被烧损外，铁管部分无碰撞变形痕迹，状况良好。

5）经对三者车的勘验，该车碰撞后左前部最大变形深度为 300mm 左右，变形平面与车辆纵轴线左侧呈 110° 左右的夹角；左纵梁严重变形（图 2–87）。

6）经对事发现场勘查，路面平坦，无任何障碍物。侧翻位置位于机动车道与非机动车道分界线内侧；车头朝外偏转 20° 左右（图 2–88）。

图 2–83 车辆侧立在道路中间

图 2–84 车辆右侧没有与地面形成的划痕

图 2-85 左后门变形痕迹

图 2-86 驻车制动器处于拉紧位置

图 2-87 三者车

图 2-88 平坦路面的事发现场

【本案分析】

1）根据该车的碰撞位置，碰撞受力点距地面高度约 470mm，与该车质心位置高度基本相同；事发地点路面整洁、平坦。根据力学原理及事故路面状况，该车碰撞不可能造成侧翻于道路中间，只能造成一定的滑移。

2）该车侧翻后与路面接触部位（右侧面）未见任何滑移造成的划痕，说明该车是在非运动状态下造成的侧翻。

3）三者车辆前部最大变形量为 300mm 左右，左纵梁严重变形，而该车左后门最大变形量约为 100mm，两车碰撞强度严重不符。

4）该车碰撞部位为左后门，未伤及发动机舱内油、电路，且油路系统为全密封设计，该处不具备形成火源的条件，不可能造成机舱内着火。

5）驻车制动器手柄在制动位置。如果是汽车行驶中导致的翻车，那么在车已侧翻停稳的情况下，再拉紧驻车制动器的手柄不仅没有可能，而且毫无意义。

【本案结论】经过科学分析，该车报案所称的在行驶中发生碰撞，导致侧立着火的基本条件根本就不成立，所以推翻了报案人原来的主张。后经警方对多名涉案人员分别进行隔离审问，得知真相为多人一起将车推翻，又故意纵火所致。

【本案启迪】仔细研究此案，不难发现有多处违背常理和科学机理之处：

第一，标的车型属于老旧车型，着火时刻为半夜时分，故意纵火的可能性较大。

第二，车辆的着火地点为弯路，两侧为茂密的树木，地面无划痕。

第三，分析车辆的结构可知，左后车门处一无火源，二无油料，火的来路不明。

第四，如果两车确实是迎面碰撞导致了翻车，而且起火燃烧，那么驾驶人在仓皇之中逃命，还怎么可能会想到去拉紧驻车制动器？

第五，社会上总有那么一些不走正路、投机取巧的犯罪嫌疑人，总在打主意想通过制造虚假事故骗取保险金，其作案手段可谓多种多样，本案即是车主以及所谓的内行参与的为达到某种利益故意将自己的车辆点燃的一个案例。

案例 2-11 纵火焚烧宝马轿车案

【案情简要】车主本人报案称，他的宝马轿车于 2 月 4 日下午 3:30 左右出车回来，停放于自家院门前之后，一直未再使用。次日凌晨 2:40 左右，他在家里先是听见“咚”的一声巨响，起来后查看，发现自己宝马轿车的驾驶座、副驾驶座位置开始着火，火从天窗冒出，当时车头、车尾、车后排座都没着火，他赶紧拨打 119 求救，同时用手机拍下了几张汽车着火的照片（图 2-89），后来火被消防队扑灭。

现场查勘得知：

1）从车架号以及行驶证可以得知，宝马轿车的车龄刚满 4 年。

2）车前部的机舱位置虽然过火，但所有机件基本都呈黑色，前保险杠皮掉落在地上未烧光，散热器、冷凝器未熔化。左右两个前轮的轮胎表面炭化，轮圈未熔化。发动机缸体呈灰色，气门室盖及进气歧管只有后端熔化，所有发动机附件壳体未熔化。前部橡胶水管未烧，变速器的壳体被烧之后呈白色（图 2-90 ~ 图 2-92）。

3）该车的后右翼子板及行李舱盖呈白色，后保险杠皮未完全烧无，后保险杠呈黑色，左右后轮胎炭化（图 2-93）。

4）将车举起，地面上未发现可疑点燃物，油箱在后桥前侧被烧无，在车底中部左侧及左侧下边梁处粘附有大量机油（图 2-94）。

5）车辆中部烧损较前后部严重。四门均呈白色，右前门烧损最为严重，车顶篷呈棕色。两前门内侧面呈棕色。驾驶室仪表烧无，两前座只剩边框，呈棕色，前排座椅上有散落的天窗玻璃，而后排座椅呈黑色。左右两前铝质纵梁靠近机舱后围板根部过火后熔断（图 2-95）。

6）检查全车电路，在右前翼子板内骨架处有多束熔珠及熔痕电路。熔痕外部形状为不规划的非圆珠状（图 2-96）。

图 2-89 宝马轿车半夜着火现场

图 2-90 燃烧之后的宝马外观

图 2-91 燃烧之后的发动机舱

图 2-92 表面炭化的前轮轮胎

图 2-93 烧损程度较轻的轿车尾部

图 2-94 车底粘附的大量机油

图 2-95 烧损之后的驾驶室

图 2-96 右前翼子板内骨架处的线束熔珠

【本案分析】

1）本车车龄只有 4 年，车况较好，汽车起火地点在车主家门口，不符合车主故意行为的基本特征。

2）虽然车前部的机舱位置过火，但所有机件基本都呈黑色，前保险杠皮掉落在地上未烧光，散热器、冷凝器未熔化。左右两前轮轮胎表面炭化，轮圈未熔化。发动机的气缸体呈灰色，气门室盖及进气歧管只有后端被烧熔化，所有发动机附件壳体未熔化，前部橡胶水管未烧，变速器壳体呈白色。该车前部的烧损状况反映出该车的起火不是由前机舱内首先起火的，而是由机舱后部火焰向机舱内蔓延所致。

3）该车后部左右翼子板及行李舱盖呈白色，后保险杠皮未完全烧无，后保险杠呈黑色，左右后轮胎炭化。因此车辆后部烧损相对较轻，亦非火源所在。

4）将车举起后，地面上未发现可疑点燃物，位于后桥前侧的油箱被烧无，在车底中部左侧及左侧下边梁处粘附有大量机油，根据该车的结构状况及机件布置，此处不可能出现大量的机油。在此处粘附有大量机油，说明不是本车自身因素造成的，应为外来因素造成。

5）该车自 2 月 4 日 15:30 到次日凌晨 2:40 左右起火。停放时间超过 11h，此时燃油及其他油类管路中的油压已经很低甚至为零，因此可以排除汽车自身油类泄漏所造成的起火可能。

6）车辆烧损中部较前、后部都严重。四门均呈白色，右前门烧损最为严重，车顶篷呈棕色。两前门内侧面呈棕色。驾驶室仪表烧光，两前座只剩边框呈棕色，前排座椅上有散落的天窗玻璃，而后排座椅呈黑色。左右两前铝质纵梁靠近机舱后围板根部过火后熔断，由此可见驾驶人座与副驾驶座位及仪表台位置附近的烧损最为严重。

7）汽车上所提取的电路熔痕、熔珠，其外观形状为不规则的非圆珠状，不符合一次熔断的外观特征。经对熔珠金相组织进行检验，熔珠内有不规则的气孔，金相组织内无柱状晶和胞状晶出现，为“二次短路”形成的熔珠，即该熔珠是在汽车着火后被烧形成的，因此该车的起火亦非电路短路造成的火灾。

8）从车主本人所提供的着火时的现场照片来看，反映该车着火时发动机舱盖和行李舱处无火焰，而车顶中间则窜起了 2m 左右高的火焰，这种特征应为有外来助燃物参与了燃烧。

【本案结论】综合现场勘验及以上分析：该车事故可以排除车辆本身原因引起的自燃，应该属于外来因素故意点燃造成的火灾事故。

【本案启迪】随着经济社会的发展，各地都出现了较为明显的收入差距拉大的现象。在这种社会背景下，或因当事人开展经济活动得罪了人，或因自己的发达让周围的人感觉到了眼红，导致了报复行为的发生。而汽车，尤其是高档轿车，由于其自身价值较高、存放地点公开等特征，往往容易成为受攻击的直接目标。这种借助易燃物引燃目标汽车的行为，很容易与汽车的自燃相混淆，需要查勘人员认真判别。

案例 2-12 人为纵火焚烧别克旅行车

【案情简要】报案称，一辆新上牌不足 3 个月的别克旅行车，于 5 月 5 日 23:00 左右停放在某家属院内，次日凌晨 3:00 左右发现车辆燃烧后报 119，经施救，火被扑灭，但车辆损失十分严重。承保该车的保险公司初步确认车辆属于自燃，怀疑其自燃原因属于车辆质量问题引起，于是委托鉴定机构进行鉴定。

经技术鉴定人员勘验得知：

1）该车四个轮子的橡胶轮胎均未过火燃烧，前保险杠皮、前中网、左右翼子板、发动机舱盖前部漆面未过火。发动机舱盖后部、车顶、左右车门（底边除外）左右后翼子板、后车门等均过火，漆层烧光（图 2-97、图 2-98）。

2）车底部的备胎、前悬臂、后桥、油箱、排气管、管路、发动机底部、变速器底部等件均未过火，漆面完好，也无火烧痕迹（图 2-99）。

3）发动机的散热器、冷凝器、进气歧管、节气门体、发电机壳体、空气压缩机壳体等铝质零部件的机件均未熔化，所有线束绝缘层未燃烧起火，只有靠近后挡泥板处的部分机件有火烧痕迹，也未见有短路线束（图 2-100、图 2-101）。

4）驾驶室内的仪表台、座椅、车门、地板、顶篷等处所有内饰等易燃件均过火烧毁；仪表台处所有电路及电器件未见有短路熔珠，室内右侧有未烧尽的棉质物，烧损程度左侧较右侧严重（图 2-102）。

5）在左后座椅上有一团棉布残留物（图 2-103），该座椅的左侧也有类似棉织物。在左后座椅的前侧地板上有厚约 3.5cm 的燃烧后的掉落物，掀开掉落物后发现在掉落物的最下方位置靠近地板处有带棱角的车窗玻璃，最远的距离左车门 55cm 左右（图 2-104）。

图 2-97 燃烧之后的别克前部

图 2-98 燃烧之后的别克后部

图 2-99 未曾过火的车底

图 2-100 燃烧之后的发动机舱

图 2-101 燃烧之后的发动机舱

图 2-102 燃烧之后的驾驶舱

图 2-103 座椅处未烧尽的棉织物残骸

图 2-104 在车内发现的带棱角的车窗玻璃

【本案分析】

1）该车属于新车，晚上停放于家属院的院内，半夜时分起火燃烧，不可能属于车主的故意行为。

2）该车四轮橡胶轮胎均未过火燃烧，前保险杠皮、前中网、左右翼子板、发动机舱盖前部漆面未过火。发动机舱盖后部、车顶、左右车门（底边除外部分）左右后翼子板、后车门等均过火，漆层烧无。因此车辆的前部过火较轻，可以排除发动机舱内首先起火的可能性。

3）该车车底的备胎、前悬臂、后桥、油箱、排气管、管路、发动机及变速器底部等件均未过火，漆面完好，也无火烧痕迹。这些特征均说明车辆底部并没有过火，可以排除车辆底部首先被外来火源点燃的可能。

4）发动机舱内的散热器、冷凝器、进气歧管、节气门体、发电机壳体、空气压缩机壳体等铝质机件均未熔化，所有线束绝缘层未烧，只有靠近后挡板处部分机件有火烧的痕迹，也未见有短路线束。说明发动机舱内的燃烧程度较轻，可以进一步排除发机舱内首先起火的可能。

5）驾驶室内的仪表台、座椅、车门、地板、顶篷等处所有内饰等易燃件均过火烧毁；仪表台处所有电路及电器件未见有短路熔珠，室内右侧有未烧尽的棉质物，烧损程度左侧较重。由此可以排除仪表台处电路短路导致起火形成火源的可能性。由于驾驶室内左侧的过火较右侧严重得多，说明火是从车内左侧开始烧起的。

6）在左后座椅上有一团棉布残留物，该座椅的左侧也有类似棉织物。在左后座椅的前侧地板上有厚约 3.5cm 的燃烧后的掉落物，掀开掉落物后发现在掉落物的最下方位置靠近地板处有带棱角的车窗玻璃，散落碎玻璃的最远处距左车门约有 55cm。这些特征说明该车是被人首先打破左侧车窗玻璃，然后将引火之物投入车内引燃了驾驶室内的易燃物，因为掉落带棱角的玻璃落在靠近地板处，证明不是着火后车窗玻璃被烧掉落的。

【本案结论】该车起火点位于车内的左后座椅处，起火原因为外人打破车窗玻璃后投入引火之物导致车辆起火燃烧的。

【本案启迪】这类新车被外来火源引燃的案例，在查勘时往往容易与“自燃”相混淆。判别这类起火重点需要注意以下几点：第一，询问车主是否与他人有纠纷发生，判断被报复纵火的可能性是否存在；第二，努力寻找火源点，分析此处因车辆自身原因起火的可能性有多大；第三，如果起火时间距离停车时间较短，而且火源点处确有油路通过，则重点考虑燃油、机油等油路漏油的可能性；第四，如果起火时间距离停车时间较长，而且火源点处确有电路通过，则重点考虑电路短路的可能性，并通过燃烧之后的电路状况准确确定是否属于电路短路；第五，如果火源点处既没油路通过也无导线通过，则应该怀疑属于外来火源点燃的可能性，可以通过查找其他相关证据来认定是否属于被外来火源引燃。本案中，莫名其妙出现的棉织品残留物，让查勘者生疑，而车内所发现的尖锐侧窗碎玻璃，足以佐证该车窗是在起火之前被人打碎的。

案例 2-13 冬天烘烤油箱造成的大客车起火燃烧事故

【案情简介】驾驶人报案称：1 月 12 日 8:20 左右，他驾驶客车准备去客运车站营运，当行驶至开发区一路段时，客车突然起火燃烧起来，车辆严重受损。

勘验时客车已经拖离了火灾现场，停放在某汽修厂的院内，具体勘验情况如下：

1）该车车身的中部、顶部、前部全面过火，尤以车身中部左侧的过火程度最为严重（图 2-105）；车身左侧蒙皮过火后呈“波浪”变形，并且已呈“白色”（图 2-106）；车身右侧车门前部蒙皮过火后呈“白色”，但变形较左侧轻（图 2–107）；该车两前轮基本无过火现象，后轮部分过火后炭化。

2）发动机舱内基本无过火，仅有极少上部机件及部分电路因驾乘室内高温影响而损坏，发动机机体本身无过火现象。后机盖、左右侧围等无过火痕迹（图 2–108）。

3）车辆驾乘舱内的地板全部过火呈炭化状态，中间过道及左侧位置的地板因过火严重而完全炭化且塌陷呈孔洞（图 2–105）。

4）车辆过火部位电缆线绝缘层烧损，线芯裸露，但没有发现有因短路、过载等原因引起的熔焊或熔珠现象。

5）位于该车左侧中部的燃油箱，上部过火严重，其涂漆层、输油管路等完全过火烧损，燃油箱底部外表面后部附有一定量的炭烟灰尘（图 2–109），燃油箱侧立面表面上有部分烟灰，油箱通风口、加油口处火烧严重（图 2–110）。

图 2–105 客车被火烧之后的概貌

图 2–106 客车左侧烧损较严重

图 2–107 客车右侧烧损较轻

图 2–108 客车后部的发动机舱未曾燃烧

图 2-109 附有炭烟灰尘的油箱底部外表面

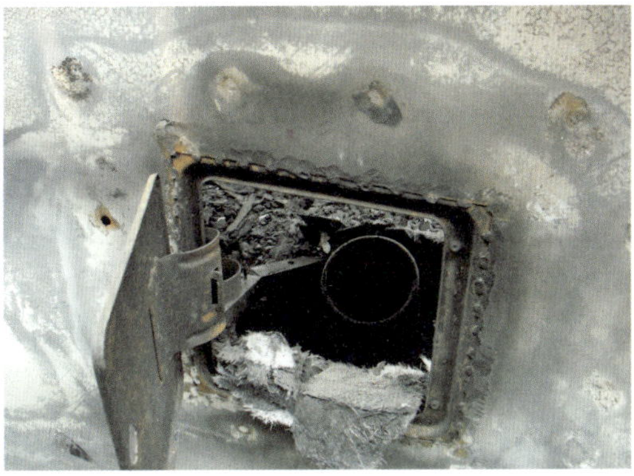

图 2-110 油箱加注口

【本案分析】

1）该车车身中部、顶部、前部完全过火，尤以车身中部左侧过火最为严重，车身左侧蒙皮过火后呈“波浪”变形，并且蒙皮过火后呈“白色”。车身右侧车门前部蒙皮过火呈“白色”，但变形较右侧轻。说明起火位置应在左侧中部位置。

2）车辆驾乘舱内的装饰件、座椅、仪表及仪表台、车辆顶篷完全过火损坏，室内地板过火呈炭化状态，中间过道及左侧位置地板因过火严重而完全炭化且塌陷呈孔洞。说明驾驶舱内过火严重，且起火源也指向车辆中部左侧。

3）车辆过火部位电缆线绝缘层烧损，线芯裸露，但没有发现有因短路、过载等原因引起的熔焊或熔珠现象，并且线芯呈软化状态，说明该车起火不是因电线搭铁短路而引起的。

4）该车辆前轮基本无过火现象，后轮轮胎部分过火后炭化。发动机舱内基本无过火，仅有极少上部机件及部分电路因驾乘室内高温影响而损坏，发动机机体本身无过火现象。后机盖、左右侧围等无过火痕迹。进一步说明该车着火状况以中部为最严重而两端较轻。该车发动机安装在车辆尾部，且发动机机体本身无过火现象，说明该车起火不是发动机及周围附件引起。

5）位于该车左侧中部的燃油箱上部过火严重，其油漆涂层、输油管路等完全烧损，燃油箱底部外表面后部附有一定量的炭烟灰尘，燃油箱侧立面下部也有烟尘，燃油箱周围安装框架及油箱上方的地板火烧严重，说明燃油箱有被火烤加热的痕迹。

6）从对驾驶人的询问笔录中可知，“当时车很好打着，预热了几分钟车，车辆当时就感觉加油不足、不顺、没劲”。据天气预报资料查询，事发当天气温在 -13.6 ~ -6℃，这在当地属寒冷天气。气温低，柴油冷凝造成流动性差，可致堵塞油路，造成发动机加油不足、不顺、没劲，因此烘烤加热油箱使燃油升温，增强流动性，以利于起动加速。但这种方法，危险性大，因为火烤油箱加热，燃油升温，蒸气挥发，通过通气孔逸出油箱，达到一定浓度，如遇明火就会被点燃，以致形成火灾。

7）由于该车的起火位置就在油箱处，并且油箱底部外层有烟灰等火烤痕迹，且油箱侧立面也有部分烟灰，油箱顶部的通气口处火烧严重，因此该车起火应为烘烤油箱引起。驾驶人所称的“驾驶客车准备去客运车站营运，当行驶至开发区一路段时，客车突然起火燃烧起来”的说法与事实完全不相符。

【本案结论】经实车勘验，综合分析认为：该车火灾是由外来火源引起的，应为明火烘烤燃油箱部位所致。根据车辆损失险的保险条款约定，本案属于责任免除的损失范围。

【本案启迪】

1）冬天天气寒冷，柴油冷凝造成流动性差，可致堵塞油路，造成发动机无法起动、加油不足、不顺、没劲，因此加热油箱使燃油升温，增强流动性，以利于起动加速。火烤油箱加热，燃油升温，蒸气挥发，通过加油口处的通气孔逸出油箱，达到一定浓度，如遇明火就会被点燃，以致形成火灾。

2）冬天寒冷时，要及时更换抗低温标号的柴油，可用保温制品包裹油箱，或用热水加热油箱，不可明火烘烤加热油箱。

3）分析车辆起火事故的原因时，一般需在起火点位置及周围认真查找相关痕迹，由于起火点的火烧时间较长，其周围烧损会相对较重些。判断出火源的大致位置后，再对该位置进行重点排查，当发现事故车辆不具备自燃的特征时，就可能会发现“被点燃”的某些特征，如本案中的油箱下部有明显的被烘烤、烟熏痕迹。

案例 2-14 吸烟引起的载货汽车起火

【案情简介】报案称：某日夜间，一辆载货汽车正常行驶在河北省某省道上时发生火灾事故，导致车辆以及车上装载的货物被烧损。

现场勘验得知：

1）该车右侧烧损严重，从前向后几乎全部过火，右侧轮胎只剩钢丝。左侧轮胎基本无烧损，驾驶室内仪表台、座椅、操纵机件等全部过火烧损（图 2-111）。

2）车厢右侧护栏及前后挡板有烘烤痕迹。车厢左侧护栏第一个立柱后方的格栅烘烤最为严重，而且其下方的挡板有一块明显的掉漆痕迹（图 2-112、图 2-113）。

3）检查全车电路均未发现有短路熔痕和熔珠，蓄电池上的橡胶保护层没有受损（图 2-114）。

4）发动机无烧损，绿色的漆层仍存在，油路未见有破损，发动机与后部的连接电路的橡胶保护层未受损（图 2-115）。

5）检查车厢里燃烧后的残留物，发现有棉被及塑料制品等可燃物（图 2-116）。

6）经询问驾驶人得知，他有吸烟的生活习惯，当天曾经在行车过程中吸烟。而且将烟蒂随手扔出了驾驶室。

图 2-111 整车烧损情况

图 2-112 左侧格栅烧损严重部位

图 2-113 左侧护栏有一处被烧烤变色

图 2-114 蓄电池线未烧损

图 2-115 发动机未烧损

图 2-116 燃烧后的残留物

【本案分析】

1）该车全车油路无一处破损、漏油的地方，电路中无短路熔痕和熔珠，可以排除因本车的电路、油路原因造成的火灾事故。

2）发动机无烧损，绿色的漆层仍存在，油路未见有破损，发动机与后部的连接电路的橡胶保护层未受损，可以排除发动机本身原因引起的着火。

3）驾驶室内的仪表台、座椅、操纵机件等全部过火烧损，仪表台处的电路保护层虽已炭化但无裸露出来的线芯，说明驾驶室为火焰蔓延所致。

4）车厢右侧的护栏及前后挡板有被烘烤的痕迹，从前向后几乎全部过火，结合当天风向判断，应为风吹所致。车厢左侧护栏第一个立柱后方的格栅烘烤最为严重，而且其下方的挡板有一块明显的掉漆痕迹，可以判定该处应为起火点。

5）车厢里的棉被及塑料制品等为可燃物，容易被外来火种点燃。

6）驾驶人有开车吸烟的习惯，而且当天将烟蒂随手外扔，烟蒂被刮进后方的车厢内，进而将车厢内的棉被及塑料制品点燃，在行驶过程中被风吹袭形成火苗。

【本案结论】该车的起火原因是车厢内的可燃物被驾驶人意外扔出的烟蒂点燃，进而引起的火灾事故。

【本案启迪】

1）对于此类火灾事故，一般难以确定是由抽烟引起的。因为着火后的烟蒂已被烧无，但有些着火却不得不怀疑是抽烟引起的，例如：着火点处既无油也无电，却存在着比较多的可燃物——座椅、货物、被褥等。同时，综合分析不太可能存在故意纵火的道德风险。

2）驾驶人因长途开车疲劳的缘故，多数有抽烟的习惯，烟蒂随手外仍更是一种陋习。扔出的烟蒂被刮向后方的车厢后，在风力吹袭下引起火灾。因此，行车过程中应将烟灰和烟蒂处理好，以防引起火灾。

案例 2-15 被纵火却谎称自燃的半挂车

【案情简介】一家物流公司负责人电话报案称，他公司投保的一辆营运半挂车，于 4 月 2 日 4:00，在前往送货的一家工厂厂区停车，准备卸货时车辆自燃，请求查勘。

了解得知，该车车龄不足一年，投保了车辆损失险（含自燃险、涉水险）、三者险等险种。

经现场勘验，发现以下情况：

1）该车驾驶室过火烧损（图 2-117），车前的灯光组件、塑料覆盖件全部烧光，两前轮轮胎过火，部分钢丝线被烧得裸露在外（图 2-118）；而驾驶室之后部分未见过火的痕迹。

2）发动机部分轻微过火，其上各橡胶软管过火烧光，但铝制部件未见熔化塌陷；风扇传动带被烧断；缸体、油底壳等部位未见被烟熏的痕迹（图 2-119）。

3）驾驶室内的仪表台、座椅、内饰件等均过火烧光；全车玻璃烧熔，向车内塌陷；检查驾驶室内、外烧损裸露的线束，未发现短路和过载现象存在。

4）底盘部分从前至后无过火的痕迹；在右纵梁内侧有一线束存在熔珠，并有熔痕粘附在线束上，外观观察可见熔珠不规则（图 2-120）。

5）在事发现场，可明显发现两个前轮的前侧、下部被烧损。

图 2-117 驾驶室烧损的半挂车

图 2-118 起火后的车轮

图 2-119 起火车轮的油底壳

图 2-120 熔珠不规则的线束

【本案分析】

1）该车驾驶室过火烧损，灯光组件、塑料覆盖件烧光；前轮轮胎过火；而车的后部未见过火痕迹，这说明起火部位在驾驶室前部的下侧。

2）发动机轻微过火，铝制部件未见熔化塌陷，缸体、油底壳等部位未见烟熏痕迹，可排除因燃油泄漏引起火灾的可能。

3）仪表台、座椅、内饰件等均过火烧光；全车玻璃烧熔，向车内塌陷；检查驾驶室内外烧损的线束，未发现短路和过载现象，可排除驾驶室内、外的电路故障原因引起起火。

4）底盘从前至后无过火痕迹，右纵梁内侧有一线束存在熔珠，外观观察熔珠不规则，经对提取熔珠作金相电子镜检查，未见熔珠内有胞状晶和柱状晶，且有大量气孔，应属二次短路熔珠，即着火过程中线束短路形成的熔珠。

5）两前轮前侧、下部烧损，说明火焰从前向后传播，起火部位在车辆前端。

【本案结论】综合勘验情况及燃烧机理分析，得出如下结论：该车着火可以排除电路、燃油泄漏引起的可能，属于外来火源引燃。

【本案启迪】

1）由于该车所投保的车损险包含了自燃险，假如自燃，保险公司就应承担赔偿责任。在本案中，发生于凌晨 4 点的汽车起火，恰恰不是自燃，于是，车主以主张自燃来达到要求索赔的目的。

2）分析此类案件时，需结合汽车车龄、所投保险种、起火时间与地点等，综合分析报案人所主张起火形式的可能性，剔除欺诈因素。本案车辆所投保的车损险包含了自燃险、车龄不足一年、凌晨起火，这几点集中在一起，似乎预示了车辆自燃的不可能性。

案例 2-16 被外来火源引燃的挖掘机

【案情简介】报案称：某日早 8 点左右，挖掘机驾驶人来到施工工地准备工作时，发现昨晚停在河边的挖掘机正在燃烧，便立即用河水和沙子进行灭火，同时电话报 119 前来施救。自行灭火过程持续了约 20min，并曾经到距火灾现场约 1000m 的工棚里喊人前来帮忙救火。

查勘人员现场查勘得知：

1）该车驾驶室过火烧毁，驾驶室后端过火烧损严重，漆层烧尽，铁皮裸露，而前部的立柱还有漆层残存（图 2-121）。驾驶室后方的空气滤清器舱门火烧严重，漆层烧尽，铁皮裸露呈黄色。驾驶室大臂侧有黑色烟熏痕迹。车辆其余外部表面无过火痕迹（图 2-122）。

2）驾驶室内的座椅、内饰、仪表等可燃物全部被烧毁，电路绝缘层烧毁，线芯裸露，经检验未存在熔珠和烧结现象，驾驶室后部的部件及铁皮被烧成了白色（图 2-123，图 2-124）。

3）发动机舱内过火烧损，发动机只有顶部过火，预热塞、回油管脱落，发动机下部及机舱周围几乎未过火，部分电路绝缘层烧尽，未有熔珠和烧结，机舱前围板（依整车方向）漆层烧尽，增压器橡胶管烧毁。

4）位于挖掘机中部的回转起动机舱过火，部分液压油管过火烧损，阀体上部及左侧部件过火严重。位于挖掘机左侧中部舱内的机件全部过火，烧损严重，空气滤清器管（铁质）、空气滤清器壳过火，严重烧损，进气管烧尽，空气滤清器壳内部的滤芯纸烧毁，周围铁板漆层烧尽呈白色，液压管支架烧成白色，液压橡胶管烧尽。扒去该处底板上的灭火土，露出未烧尽的棉织坐垫，其下部还有未烧尽的黑色棉布（图 2-125，图 2-126）。

图 2-121 驾驶室后部及左前舱烧损严重

图 2-122 挖掘机的右侧无过火

图 2-123 上部左前舱烧损较严重

图 2-124 驾驶室后部较严重

图 2-125 左前舱内烧损严重

图 2-126 灭火土及点燃物

【本案分析】

1）该车驾驶室过火烧毁，驾驶室后端过火烧损严重，漆层烧尽，铁皮裸露，而前部的立柱还有漆层存在。驾驶室后方的空气滤清器舱门火烧严重，漆层烧尽、铁皮裸露呈黄色。驾驶室大臂侧有黑色烟熏痕迹。车辆其余外表面无过火痕迹。说明驾驶室后部及后方的左前舱（空气滤清器舱处）烧损最为严重。

2）驾驶室内的座椅、内饰、仪表等可燃物全部烧毁，电路绝缘层烧毁，线芯裸露，经检验未有熔珠和烧结，驾驶室后部铁质部件及铁皮烧成白色。说明起火不是室内电路短路引起，驾驶室后部部件及铁皮烧成白色，说明火源来自驾驶室后方。

3）发动机舱内过火烧损，发动机预热塞、回油管脱落，发动机下部及机舱周围几乎未过火，部分电路绝缘层烧尽，未有熔珠和烧结，机舱前围板（依整车方向）漆层烧尽，进气涡轮增压器橡胶管烧毁。说明发动机舱起火是由位于左前部的增压器进气管处蔓延引起的。

4）位于挖掘机中部的回转起动机舱过火，部分液压油管过火烧损，阀体上部及左侧部件过火较为严重，说明回转起动机舱内过火是由其左侧的挖掘机左前舱蔓延而来的。

5）位于挖掘机左前舱内所有机件过火最为严重，空气滤清器管（铁质）、空气滤清器壳过火严重烧损，橡胶进气管烧尽，空滤壳内部滤芯纸烧毁，舱内周围铁板漆层烧尽呈白色，液压管支架烧成白色，液压橡胶管烧尽，该处底板上在灭火土的下方扒出未烧尽棉织坐垫物质，其下部还有未烧尽的黑色棉布。说明回转起动机舱起火是左方舱内首先起火蔓延所致。挖掘机左前舱内底板处检出未烧尽棉织物及黑色棉布，说明是外来火种将车引燃。

【本案结论】综合勘验及以上分析：该挖掘机的起火应该是被外来火种引燃的。

【本案启迪】

1）对于未完全烧损的车辆，一般应遵循的判断起火点的规律是燃烧痕迹最严重的部位为最早的起火位置，原因是以起火点开始向周围蔓延，其烧损程度逐渐减轻，起火位置相对其他位置的过火时间较长。所以找到燃烧痕迹最严重的部位后，就要对燃烧痕迹最严重的部位进行深入分析研究，有没有起火的三要素。本案就是按照这样的思路查找到起火原因的。

2）灭火时留下沙土最多的位置应该是起火点位置的重要标志，因为救火者肯定会对火源处首先实施灭火。

3）近些年来由于某些社会矛盾加剧，一些人不采用合法的手段解决问题，而是把车辆作为发泄的目标，针对车辆的人为纵火有上升的趋势。对于车辆人为纵火行为，虽然车主、保险公司防范起来比较困难，但若车主能将车辆放于可监控的位置，或加强看管，或放于车库，就可能让放火者无可乘之机或放弃纵火焚车的念头。

第四节　碰撞起火

汽车的碰撞起火，是指车辆在运行状态与外界固态物体直接接触并发生意外撞击所引起的起火燃烧现象。

当汽车发生碰撞事故时，无论是追尾、托底、迎面撞击还是侧面撞击，一般情况下车辆是不会起火燃烧的（图 2–127）。只有当汽车撞击后导致易燃物（如汽油）泄漏且与火源接触时，才会起火燃烧；或者碰撞挤断了车内的导线，导致短路，引起起火燃烧。

图 2–127　碰撞严重但却并未起火的轿车

依据汽车碰撞后造成起火的具体原因，可以将碰撞而导致的起火划分为碰撞后造成电路（或电气设备）短路、碰撞后造成燃料泄漏、碰撞后造成其他可燃物泄漏三种情况引起的起火。

根据碰撞部位不同，汽车的碰撞可以分为前部碰撞、尾部碰撞、侧面碰撞、托底碰撞、顶部碰撞五种类型。

在交通事故的处理实践中，因碰撞而造成的着火案例占有较大的比例，而前端碰撞及托底碰撞造成的汽车火灾尤其多。

1. 前端碰撞起火

汽车发动机根据其布置位置的不同主要分为前置和后置两种形式。

一般小客车及载货汽车均采用前置发动机的布置形式，这种布置形式将发动机安装于车辆前部的机舱内，在发动机的前部安装有灯光信号装置、冷却装置、保险杠等，发动机的四周则布有电路、燃料供应装置、ABS、转向（助力）机构、电气系统、空调系统等，可谓纷繁复杂。

当车辆前部受到撞击之后，可能造成发动机及其他部位的变形与损坏。当电路、用电设备等被撞击致损或挤压变形时，有可能导致其绝缘层的破裂损坏而造成漏电或短路，从而产生电火花或使电路中的电流急剧增加，温度迅速升高而将绝缘层引燃起火；当燃料供应管路受到碰撞挤压而破裂或折断时，则会造成车用燃料的泄漏，这些泄漏的燃油可能会被电火花或发动机炽热的部位引燃起火（图 2–128）。同样，转向助力装置、制动装置被碰撞致损后均会出现以上情况。

图 2–128 一辆轿车的前端撞击公路护栏后导致起火

2. 尾部碰撞起火

大客车大多采用发动机后置的布置形式，汽车上相关的电路、油路等装置均安装于车辆后部的发动机周围。当车辆尾部受到较为严重的追尾撞击时，有可能导致燃料管路的破损或电路的短路，同样会造成火灾事故（图 2–129）。

图 2–129 尾部开始起火燃烧的大客车

3. 托底碰撞起火

汽车底部一般布置有燃料管路、燃料滤清器、燃料箱、制动管路、排气管路。当汽车发生托底碰撞时，可能使以上装置破裂或折断而造成燃油或制动液泄漏引发火灾（图 2–130）。汽车排气管路在车辆运行过程中的温度很高，当托底事故造成排气管路与可燃物接触时能将其引燃进而引燃汽车。

图 2–130 行驶中发生托底导致起火燃烧的风行轿车

案例 2-17 前端碰撞引起起火的北京现代越野车

【案情简介】一辆车龄近两年的北京现代越野车 BH6430AY，于 9 月 20 日 18:40 左右，行使至环城路某路段时与一辆三轮农用车碰撞，而后车辆起火烧毁。

经现场查勘、相关信息分析得知：

1）车辆全部过火烧损（图 2-131）。

2）车辆碰撞部位主要集中在右侧前纵梁位置，右侧前纵梁发生向外弯曲和溃缩变形。右侧轮璇向内侧挤压变形（图 2-132）。

3）驾驶室内仪表台、座椅等全部过火烧损。检查所烧裸露线束未发现短路或过载现象（图 2-133），行李舱内尚有大量未完全燃烧的纸。

4）发动机舱内前部散热器、冷凝器过火后上部少许熔化，其他部位未见熔化，进气歧管过火熔化。铝质缸盖左侧部分熔化，发电机壳体被碰产生断裂，主电源线被挤压。机舱左侧配电盒及线束过火烧损，仔细检查燃烧后的痕迹未发现短路和过载现象（图 2-134）。发电机过火后主电源线与固定座脱落且固定座周围熔化，发电机主电源线至蓄电池正极所经过的位置周围均留有燃烧痕迹（图 2-135）。

5）车辆四铝质轮圈过火后内侧少许熔化，外侧塌陷（图 2-136）。

6）检查车辆周围燃烧的残留物，未发现外来易燃物的残留物。

图 2-131 烧损车辆的后端

图 2-132 烧损车辆的前端

图 2-133 烧损车辆的继电器盒

图 2-134 烧损车辆前部及发动机舱

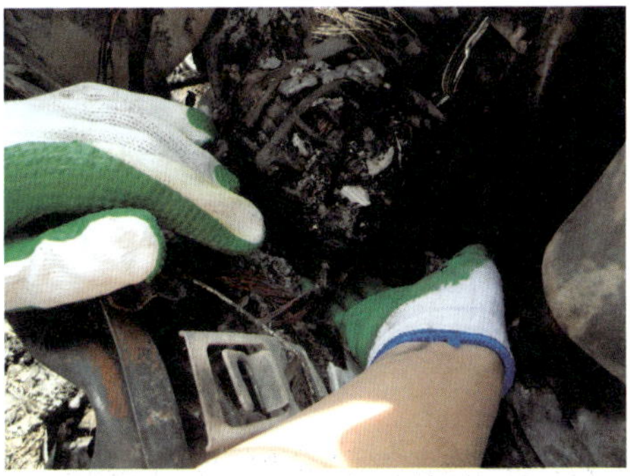

图 2-135 烧损车辆的发电机电路

图 2-136 烧损车辆的右前翼子板

【本案分析】通过现场查勘所见，结合汽车机理分析如下：

1）检查车辆周围燃烧的残留物，未发现外来易燃物的残留物。因此车辆着火不是外来火源引起的。

2）驾驶室内仪表台、座椅等全部过火烧损。检查所烧裸露线束未发现短路或过载现象，行李舱内尚有大量未完全燃烧的纸。所以着火不是从驾驶室内部开始的。

3）发动机舱内铝质缸盖左侧部分熔化，进气歧管过火熔化，前部散热器、冷凝器过火后上部少许熔化，其他部位未见熔化。所以车辆着火首先从发动机舱内开始。

4）车辆碰撞部位主要集中在右侧前纵梁，右侧前纵梁发生向外弯曲和溃缩变形，右侧轮璇向内侧挤压变形，发电机壳体被碰产生断裂，主电源线被挤压，发电机过火后主电源线脱落且固定座周围熔化。发电机主电源线至蓄电池正极所经过的位置周围燃烧痕迹明显，由此可以确定发电机主电源线在碰撞过程绝缘层破损形成短路，使电路产生高温，将电路绝缘层引燃起火。

【本案结论】车辆着火是由于车辆前端受到碰撞后发生溃缩变形，发电机主电源线受到挤压，导致绝缘层破损、电路短路而起火燃烧的。

【本案启迪】如车上人员能在车辆刚起火时沉着冷静，用灭火器对准起火部位喷洒灭火剂的话，则很有可能将火迅速扑灭，不至于全车烧毁。

案例 2-18 左侧碰撞引起起火的大众桑塔纳轿车

【案情简介】1 月 3 日下午 4:30，一辆大众桑塔纳轿车行驶至一条省级公路的某路段急减速时，由于下雪路滑，导致汽车甩尾，其左侧撞到了路边的树上，造成左侧翼子板和车门严重变形，然后车辆起火燃烧，最终车辆报废（图 2-137，图 2-138）。

经现场查勘、相关信息分析得知：

1）车辆全车过火烧损严重，全车玻璃、轮胎及外部饰件全部烧损（图 2-139）。

2）发动机舱内所有塑料制品均烧损。前部散热器、冷凝器被烧熔化，铝质进气歧管、节气门体被烧熔化。燃油分配器发生弯曲变形，凸轮轴正时带轮与右侧纵梁接触（图 2-140、图 2-141）。

3）驾驶室内仪表台总成，座椅等其他装饰件均过火烧损，铝质蒸发箱及暖风水箱被烧熔化。

4）全车线束过火，铜线裸露，检查裸露铜线没有发现短路形成的烧结点和过载现象。

5）车辆左侧前翼子板与前门相邻位置发生明显凹陷，变形深达35cm，碰撞接触位置为一圆筒形的变形痕迹，发动机舱盖产生拱曲变形，发动机隔板处产生溃缩变形，两纵梁则发生了较为明显的弯曲变形（图2-142）。

6）现场照片显示，车辆与路边树发生了碰撞并起火燃烧。

图2-137 烧损车辆的现场情况（1）

图2-138 烧损车辆的现场情况（2）

图2-139 烧损车辆的整体情况

图2-140 烧损车辆的燃油分配器变形情况

图2-141 烧损车辆的机舱情况

图2-142 烧损车辆左侧的碰撞变形情况

【本案分析】

1）检查全车被烧裸露的线束，没有发现短路形成的烧结点和过载现象，说明此次火灾不是因电路短路造成的。

2）车辆着火过程中造成铝质散热器、冷凝器、进气歧管、节气门体、蒸发箱、暖风水箱过火熔化，说明燃烧强度较大，应有大量助燃物参与助燃。

3）根据委托人提供的资料，车辆发生碰撞后着火。实勘中发现车辆左侧前翼子板与前门相邻位置发生明显凹陷变形，发动机舱盖产生拱曲变形，发动机隔板产生溃缩变形，两纵梁发生弯曲，说明碰撞强度较大。

4）实勘中燃油分配器发生弯曲变形，凸轮轴正时带轮与右侧纵梁接触，说明在碰撞时发动机产生了明显的横向位移。由于燃油分配器被撞弯曲，造成燃油泄漏，泄漏的燃油飞溅到炽热排气管引起火灾。

【本案结论】本案中，车辆的着火是由于在行驶过程中，因路面雨雪湿滑，导致车辆甩尾，使得车辆的左侧撞到了路边的树上，造成左侧翼子板和车门严重变形移位，挤压到了发动机，使燃油分配器被撞弯曲，造成燃油泄漏，而泄漏出来的燃油飞溅到了炽热的排气管上引起火灾，最后导致车辆起火燃烧。

【本案启迪】车辆的碰撞起火可归属于电路的短路起火、油料的泄露起火两种基本原因。在本案中，由于在起火燃烧之后的事故车上没有发现电路短路等现象，因此可排除电路方面故障导致的起火燃烧。而碰撞变形导致的燃油分配器弯曲移位，则肯定会发生燃油泄漏事故，从而引发火灾。

案例 2–19 驾驶室内无转向盘的“碰撞”起火红旗轿车

【案情简要】报案称，一辆红旗轿车，4 月 11 日 0 点 30 左右在一条县乡道路上碰撞到了石头上，起火燃烧。

经现场查勘及相关了解得知：

1）了解得知，标的车为红旗 CA7200E3 型轿车，车龄已有 10 年零 8 个月，车辆损失险、不计免赔均已购买。

2）车辆的驾驶室过火严重，仪表台总成、座椅、内饰等全部烧损，全车玻璃过火全无，蓄电池烧损（图 2–143）。

3）在烧损的驾驶室内，没有发现转向盘骨架的残留物（图 2–144）。

4）发动机舱内的过火较轻，仅相关电缆线、塑料等烧损，甚至连发电机的传动带都没有参与燃烧，塑料材质的转向灯也没有燃烧（图 2–145），发动机的机油未参与燃烧，但其机油量约有 1.5L，冷却水（并非冷却液）约有 2.0L（图 2–146）。

5）消声器上有约 30mm × 30mm 陈旧性孔洞，其消声器芯已脱离（图 2–147）。

6）左半轴的球笼上没有防尘罩，左前制动片报警线脱落且拧在一起（图 2–148）。

7）在标的车的车底、前端等处，均未发现碰撞痕迹。

图 2-143 烧损严重的驾驶室

图 2-144 驾驶室没有残留转向盘骨架

图 2-145 燃烧轻微的发动机舱

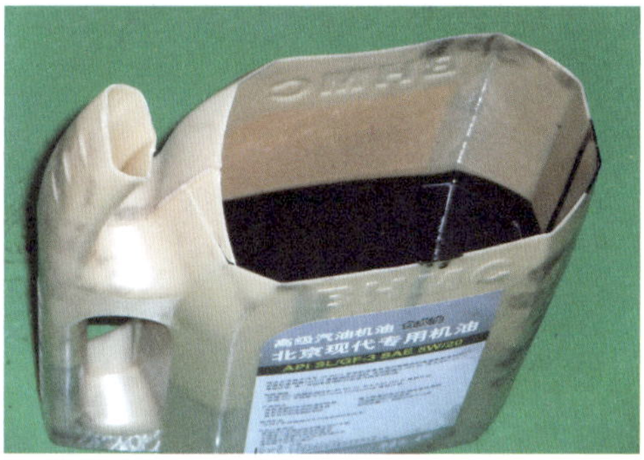

图 2-146 油底壳放出的机油（1.5L）

图 2-147 消声器上的陈旧性孔洞

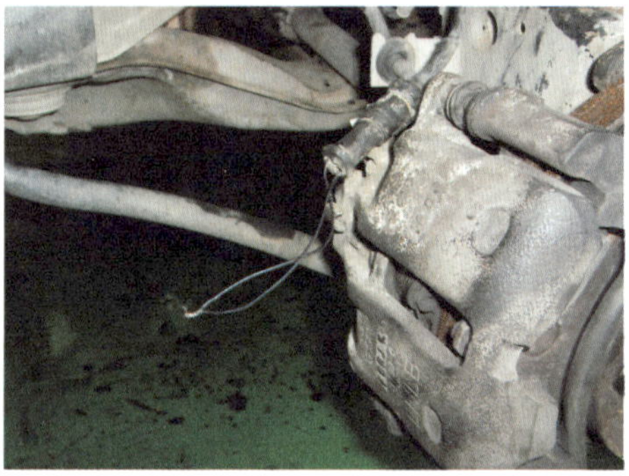

图 2-148 左半轴的球笼上没有防尘罩

【本案分析】

1）经对该车的实地查勘，发现发动机总体过火程度较轻；润滑油明明没有参与燃烧，但从发动机油底壳内放出的润滑油量仅约为 1.5L（正常情况下应该有大约 4.0L），散热器的上下水胶管均未烧漏，其冷却水仅约为 2L，明显不足；消声器有约 30mm × 30mm 陈旧性孔洞，且其消声器芯与消声器壳体脱落，左半轴外防尘罩陈旧性脱落，制动蹄片报警电路脱落且拧在一起。在燃烧之后的标的车上，没有发现过火之后的钢质转向盘骨架（不可能烧无）等，这都说明该车的行驶条件不足。

2）从过火程度看，驾驶室内特别是仪表台处较重，发动机舱、行李舱等处燃烧程度较轻，说明燃烧中心位于驾驶室内。

3）在电缆上没有发现熔焊现象，说明火灾不是电线短路引起。

4）车体上没有发现任何碰撞痕迹，车辆不可能是碰撞起火。

【本案结论】该车不具备正常行驶条件，火灾不是由车辆自身原因引起的。

【本案启迪】本案的造假手段比较低劣，将一辆没有行驶能力的汽车点燃后，谎称碰撞起火，被轻易识破。

案例 2–20 倾覆后引起起火的轿车

【案情简介】报案称：一辆宝马 535i GT 车在贵州省某县境内发生了单方的翻车事故，车辆倾覆到了山下（图 2–149）。由于当天天气有霜冻，无法展开施救，在现场放了一夜，次日 13 时许，有人发现该车正在起火燃烧后报了警。

为调查该车的具体起火原因，保险公司委托司法鉴定机构进行鉴定。经调查车主及保险公司，结合现场勘验得知：

1）由保险公司提供的现场照片、案情询问等材料显示：

第一，车辆燃烧后，车体中部呈白色，排气管及周围部位呈黑色，后轮轮胎橡胶部分残留，车门、行李舱盖等残留部件脱落在地面上，两前轮脱落在地面上，轮胎橡胶有残留，车内电路有熔断，内部呈严重燃烧状况。

第二，该车于 1 月 15 日 16 时许，行驶于贵州某县境内盘山公路上，路上有冰雪，驾驶人因前方堵车而选择倒车时不慎翻入路边山沟中，车顶着地，右后侧挤在大石头上，两前轮呈内八字状态，左前后门敞开，门灯亮着，驾驶人紧急送受伤的小孩去医院，当时并未找到车钥匙（遥控器），未关闭发动机、锁车门等。车辆停放在现场直至次日 13 时许，有人发现该车正在剧烈燃烧，并报警。

2）勘验时烧毁的车辆壳体还在路边山沟中，并处于正位，两侧各有一块大石头，沟坡较陡，有十几米高，并有多块大石头。车顶部有多处凹陷变形，A、B 柱部分弯曲，左、右前翼子板，右后翼子板部位有凹陷变形（图 2–150）。

3）车辆的前后保险杠、灯光组件等塑料件已烧毁脱落。发动机舱盖、行李舱盖、车门等烧毁脱落，前后风窗玻璃、天窗玻璃破碎脱落，左右前悬架等缺失，车身漆层大部分烧尽，只有顶部少部分残留。左、右前翼子板，右后翼子板部分呈黑色，车体中部呈白色或生锈呈砖红色。

4）机舱内的塑料件、橡胶件、发动机附件、电路等全部烧毁或脱落；气门室盖熔化，缸体部分熔化，曲轴露出，变速器壳部分熔化。驾驶室内座椅、仪表台、内饰板、电路等可燃物全部烧毁脱落，内部骨架裸露，呈严重烧损状况。行李舱内可燃物全部烧毁脱落。对以上部位检查未发现能引起车辆燃烧的外来可燃物残留（图 2–151）。

5）车辆右侧地面上与车体大小相同范围内有车辆燃烧后的黑色痕迹及燃烧脱落物，如未烧尽的冷凝器、散热器、蓄电池极板、蓄电池线接头，易熔片铜板、饰条等，易熔片铜板上有蓝色铜锈，中部位置有掉落的电路碎段，电路上有熔珠和蓝色铜锈。对现场地面及周围检查，没有可引起车辆燃烧的外来可燃物残留（图 2–152）。

图 2–149 碰撞后倾覆在山下的宝马

图 2–150 烧毁后整体情况

图 2–151 机舱、驾驶室烧损情况

图 2–152 烧损车辆的脱落物情况

【本案分析】

1）由保险公司提供的照片及询问材料可知，该车当天确实发生了交通事故，而且驾驶人为了救人，没有来得及将车熄火、锁车门，便离开了事故现场，第二天路人发现起火并报警。说明该车从翻车到起火燃烧经过了约 20h，在这 20h 中，驾驶人或其他人员并没有对该车采取熄火、锁车门等处理措施，该车发动机控制系统及电路，门灯、门锁电路等均处于工作状态。当车辆倾翻后，油箱内的汽油会集中于油箱上部，而汽油泵位于油箱下半部，这使汽油泵工作时的冷却效果差，温度升高，运转阻力增加，负荷增大，电路中的电流增大，温度逐渐升高，直至引燃电路绝缘层并烧毁车辆。车辆门灯、门锁电路属开门时短暂工作的设施，若长时间工作也势必会造成以上结果。且该车因碰撞产生变形，也不排除碰撞造成电路绝缘层损坏，或电气设备损坏，工作中产生漏电或短路而起火燃烧的可能。

车辆燃烧后，车体中部呈白色，排气管及周围部位呈黑色，后轮轮胎橡胶部分残留，车门、行李舱盖等残留部件脱落在地面上，两前轮脱落在地面上，轮胎橡胶有残留，车内电路有熔断，内部呈严重燃烧状况。说明车辆燃烧是从车辆内部中间位置开始，然后向外蔓延，此位置应为仪表台位置。

2）勘验时烧毁的车辆壳体还在路边沟中，并处于正位，两侧各有一块大石头，沟坡较陡，有十几米高，并有多块大石头。车顶部有多处凹陷变形，A、B柱部分弯曲，左、右前翼子板，右后翼子板部位有凹陷变形。说明该车着火前确实发生翻车事故，并造成多处变形。碰撞变形可造成车辆内部机件挤压和损坏。电路绝缘层也可能不同程度损坏。

3）车辆的前后保险杠、灯光组件等塑料件已烧毁脱落。发动机舱盖、行李舱盖、车门等烧毁脱落，前后风窗玻璃、天窗玻璃破碎或脱落，左右前悬架等缺失，车身漆层大部分烧尽，只有顶部少部分残留。左、右前翼子板，右后翼子板部分呈黑色，车体中部呈白色或生锈呈砖红色。说明车辆整体烧损情况以中部最为严重。

4）机舱内塑料件、橡胶件、发动机附件、电路等全部烧毁或脱落，气门室盖熔化，缸体部分熔化，曲轴露出，变速器壳部分熔化。驾驶室内座椅、仪表台、内饰板、电路等可燃物全部烧毁脱落，内部骨架裸露，呈严重烧损状况。行李舱内可燃物全部烧毁脱落。说明该车各部位烧损情况以驾驶室内最为严重，驾驶室内应为首先起火位置。

5）车辆右侧地面上与车体大小相同范围内有车辆燃烧后的黑色痕迹及燃烧脱落物，如未烧尽的冷凝器、散热器、蓄电池极板、蓄电池接头，易熔片铜板、饰条等，易熔片铜板上有蓝色铜锈，中部位置有掉落的电路碎段，电路上有熔珠和蓝色铜锈。说明该车驾驶室内电路有过热和短路迹象，当电路有过热和短路发生时，温度升高，直至将绝缘层引燃起火。因车辆左侧地面上黑色痕迹范围为车辆翻车起火燃烧的位置，其中部位置对应车辆仪表台位置，因此其脱落的电路碎段应为仪表台电路碎段。

6）经对机舱、驾驶室、行李舱部位检查未发现能引起车辆燃烧的外来可燃物残留；对现场地面及周围检查，没有可引起车辆燃烧的外来可燃物残留。因此，该车起火可排除外来可燃物引燃的可能。

【本案结论】经调查研究、实车勘验及综合分析认为：该车燃烧原因应为翻车碰撞后，车辆电器长时间地非正常工作造成电路过热引起的。

【本案启迪】车辆倾覆之后，假如有可能，应及时关闭点火开关，切断全车电源，以免发动机工作时排出的热量或者电气件工作时产生的电火花点燃了泄漏出来的燃油。或者电路因长时间通电而发热、起火燃烧。

案例 2-21 追尾碰撞导致斯巴鲁越野车起火燃烧

【案情简介】3 月 11 日 20:50 左右，一位周姓驾驶人驾驶一辆斯巴鲁森林人 2.2XT 型越野车在道路上正常行驶时与前车追尾相撞，碰撞后掉入公路西侧的路边沟内而起火燃烧，造成交通事故，导致车损。

经现场查勘及相关了解得知：

1）车辆右前部的前保险杠、前保险杠骨架、右前纵梁、散热器框架向后溃缩变形约45cm，散热器框架等被挤压在发动机右前端的部件上，发动机左侧挤压在左侧纵梁上。发动机舱盖弯折变形，中部凹陷约20cm，挤压在发动机的上部（图2–153）。

2）该车全车过火燃烧，全车内外的可燃物如塑料件、橡胶件、皮革、纺织件等均已被烧尽，油漆涂层烧尽，铁皮裸露。发动机顶部部分的铝合金部件熔化或塌陷，电缆线绝缘层烧尽，铜芯裸露，蓄电池到发电机的电路与空调压缩机上的支架烧结在一起，蓄电池到起动机的电路在发动机左端与左纵梁挤压处断开了，位于发动机右纵梁处的ABS泵钢质油管有一根断开了。

3）发动机顶部后端烧损严重，铝质部件熔化，铁质部件呈白色，发动机后部变速器前壳熔化，内部耦合器露出，发动机舱后尾板及左纵梁被烧发白或呈黄褐色，制动主缸熔化脱落，助力器被烧发白。驾驶室内仪表台、座椅、内衬等全部烧尽。检查车内部脱落物，未有外来可引起着火的易燃物残留（图2–154）。

4）对车辆后部勘验，后机盖、左右翼子板、后保险杠骨架等过火后涂层烧无，没有发现变形痕迹。

5）现场照片显示：现场道路上有掉落的保险杠、前照灯及其他碎片（图2–155），并有洒落的油迹（图2–156）；车辆在路边沟中被烧毁，周围有树木和标志杆。交警的道路交通事故认定书，记录了该起交通事故的情况及简单的原因分析。

图2–153 烧损车辆的前端

图2–154 烧损车辆的后端

图2–155 事故现场掉落的保险杠

图2–156 事故现场掉落的前照灯

【本案分析】

1）由于车辆右前部前保险杠、前保险杠骨架、右前纵梁、散热器框架等向后溃缩变形约45cm，散热器框架等挤压在发动机右前端的部件上，发动机左侧挤压在左侧纵梁上。发动机舱盖弯折变形，中部凹陷约20cm，挤压在发动机上部。说明该车发生了较为严重的追尾碰撞事故，碰撞事故导致了车前部的变形和损坏以及发动机的向后移位。

2）由于该车全车过火燃烧，全车内外的可燃物如塑料件、橡胶件、皮革、纺织品等均已烧尽，油漆涂层烧尽，铁皮裸露。发动机顶部部分铝合金部件熔化或塌陷，电缆线绝缘层烧尽，铜芯裸露，蓄电池到发电机的电路与空调压缩机上支架烧结在一起，蓄电池到发动机起动机的电路在发动机左端与左纵梁挤压处断开，位于发动机右纵梁处的ABS泵钢质油管有一根断开。这种碰撞挤压导致的结果是漏油、漏电，同时说明该车着火属全车性过火燃烧，烧损程度严重。

3）发动机顶部后端烧损严重，铝质部件熔化，铁质部件呈白色，发动机后部变速器前壳熔化，内部耦合器露出，发动机舱后尾板及左纵梁被烧发白或呈黄褐色，制动主缸熔化脱落，助力器过火后呈白色。说明以上部位燃烧最为严重，而以上部位正是发动机燃油管路经过部位。由于碰撞挤压及发动机移位使燃油管路产生泄漏，燃油泄漏后迅速蒸发汽化，被炽热的排气管引燃，形成火源。火焰向周围传播，将发动机舱内可燃物引燃，并将部分铝质壳体熔化，直至将全车烧毁。

4）现场照片显示：事故现场的道路上有掉落的保险杠、前照灯、继电器盒及其他碎片，并有洒落的油迹；车辆在倾覆在路边沟中被烧毁，周围有树木和标志杆。交警大队开具的道路交通事故认定书，记录了该起交通事故的情况及简单的原因分析。以上情况及车辆事故后的变形损坏情况，均可说明车辆追尾碰撞情况的客观存在。

【本案结论】该车起火原因为追尾碰撞事故发生后，造成发动机舱内燃油管路泄漏燃油而引起的。

【本案启迪】假如前置发动机的汽车发生了较为严重的追尾碰撞事故，而碰撞点又恰恰挤断了发动机舱内的燃油油管的话，那么燃油就会泄漏而出，从而引起起火燃烧，烧损整个汽车，造成汽车的全损。

案例2-22 拖底碰撞引起起火的东风风行汽车

【案情简介】9月4日，一辆新挂牌不久的东风风行LZ6431BQBE多用途乘用车行驶至某村庄附近，因车速高，转弯急，碰撞到了路边的树和石头上，然后车子骑在了碰倒的树和石头上，与车底发生碰撞后起火燃烧，直至全部烧毁。

保险公司的查勘人员认为，汽车所碰倒的树，直径并不粗，车辆不应该起火燃烧，但驾驶人坚持就是这样起火的。于是，保险公司申请进行司法鉴定。

鉴定人员经现场查勘，并对相关信息分析得知：

1）该车在T形路口的路边斜坡上烧毁，车辆将路边两棵树木撞倒并骑压在树干上面。车身漆层全部烧毁、铁皮裸露，四轮轮胎烧尽（图2-157、图2-158）。

2）车辆前部的保险杠、灯光组件、中网等塑料件全部烧毁脱落，散热器框架右下端向上且向后弯曲变形，发动机周围塑料件、橡胶件全部烧毁，铝质气门室盖、制动主缸、进气歧管等烧毁脱落，发动机的围板、真空助力器处火烧严重，金属管路烧成白色（图 2–159、图 2–160）。

3）驾驶室内仪表台、座椅、内饰备胎等全部烧毁。全车电路绝缘层烧尽，内部线芯裸露，经勘验没有熔珠和烧结点。

4）用千斤顶顶起车辆，看到车辆底部全部烧损，车辆底部中间有一几何尺寸较大的石头（约 40cm × 60cm）顶在车辆底盘上，车辆底盘上有较大拱曲变形，金属油管已弯曲变形（图 2–161、图 2–162）。

图 2–157 烧损车辆的前部碰撞情况

图 2–158 烧损车辆的后部情况

图 2–159 烧损车辆的机舱情况

图 2–160 烧损车辆的前部变形情况

图 2–161 烧损车辆底部的石头

图 2–162 烧损车辆底部的管路

【本案分析】

1）该车在T形路口路边斜坡上烧毁，车辆将路边两棵树木撞倒并骑压在树干上面。车身漆层全部烧毁，铁皮裸露，四轮轮胎烧尽。说明该车是在非正常行驶状况下起火，着火前车辆驶出路面与树发生碰撞且全车烧毁。

2）车辆前部的保险杠、灯光组件、中网等塑料件全部烧毁脱落，散热器框架左下端向上、向后弯曲变形，发动机周围的塑料件、橡胶件全部烧毁，铝质气门室盖、制动主缸、进气歧管等烧毁脱落。说明该车前部及发动机舱内烧损严重。发动机围板、真空助力器处过火严重，金属管路烧成白色，说明该处有燃油助燃，该位置为发动机燃油管路经过的位置，发生于底部的碰撞事故极可能造成管路损坏而漏油引起着火。

3）驾驶室内仪表台、座椅、内饰、备胎等全部烧毁。全车电路绝缘层烧尽，内部线芯裸露，勘验过程中没有发现熔珠和烧结点。说明该车起火不是本车电路原因引发火灾。

4）用千斤顶顶起车辆，看到车辆底部全部烧损，车辆底部中间有一几何尺寸较大的石头顶在车辆底盘上，车辆底盘上有较大拱曲变形，金属油管已弯曲变形。说明该车着火前不但与路边树木相撞，还撞在较大尺寸的石头上并骑到上面，造成车底严重变形，车底管路损坏造成燃油泄漏引发火灾。

【本案结论】该车着火是由于车辆与路边树木、石头碰撞并骑压到树木、石头上，造成车底与树木、石头碰撞，车底严重变形，车底管路损坏造成燃油泄漏而引发的火灾。

【本案启迪】本案中，车辆碰撞程度较轻的表面掩盖了起火燃烧的真实原因，保险公司的查勘人员对事故车辆进行查勘时应仔细、全面，综合分析。否则，就会出现判断的偏差，无法准确判定是否构成保险责任。

案例2-23 谎称被载货汽车碰撞起火的雷克萨斯轿车

【案情简要】报案称，8月3日23:00许，一辆载货汽车在一处县乡道路的石桥前与一辆雷克萨斯轿车相撞，轿车被撞后冲入桥边的沟中，并起火燃烧，导致全损。载货汽车的第三者责任险限额为50万元，雷克萨斯轿车的车龄为13年零3个月。

经认真查勘后得知：

1）载货汽车的左右前照灯、转向灯破碎并掉落，右隔板前有变形，左右杠灯玻璃破碎，右杠灯朝下，但壳未变形（图2-163）。

2）前保险杠下边缘的高度约为610mm，右端下边缘有一碰撞变形，变形达100mm。保险杠上边缘距地面1030mm（图2-164）。

3）前保险杠有长度1700mm范围的变形，以两端最为严重，变形在保险杠宽度范围内呈上下垂直状态，保险杠左端有两个尖角的长方形孔洞（图2-165）。

4）雷克萨斯轿车的尾部有碰撞变形痕迹，其高度范围在700～1000mm，长度为1400mm，右C柱被撞变形，高度在1000～12000mm，距尾部约700mm（图2-166、图2-167）。

5）雷克萨斯轿车整车过火燃烧，四轮轮胎烧毁，四轮铝合金轮圈被烧熔化。车中部驾驶室内烧损严重（图2-168），前端发动机周围烧损较轻（图2-169）。该车长约5m，尾部未发现因碰撞而造成的电路搭铁短路痕迹（图2-170）。

6）事发现场有破碎的红色尾灯散落物，其范围为1500mm×1000mm（图2-171），该范围前端2500mm处是桥与路面的交汇处，再往前约4000mm是桥栏杆，中间是一水泥平台，平台上无径向轮胎压痕及刮擦痕迹，从桥与路面交汇处向右2600mm是通往河底的斜面的顶边，斜面长4600mm，坡上有烧毁的汽车脱落物（图2-172）。

图2-163 肇事载货汽车的前端

图2-164 前保险杠下边缘高度约为610mm

图2-165 保险杠左端有两个长方形孔洞

图2-166 被撞雷克萨斯轿车的尾部（1）

图 2-167 被撞雷克萨斯轿车的尾部（2）

图 2-168 烧损程度严重的驾驶室

图 2-169 烧损程度并不严重的发动机四周

图 2-170 并未搭铁短路的尾部导线

图 2-171 事发现场破碎的红色尾灯散落物

图 2-172 通往河底斜面坡上烧毁的脱落物

【本案分析】从以上勘验情况分析可知，两车碰撞痕迹存在以下不相符情况：

1）碰撞痕迹的高度不符。载货汽车的左右前照灯、转向灯破碎，该车的左右前照灯、转向灯在前保险杠以上，即高度在 1030mm 以上；雷克萨斯车的行李舱最高处为 1000mm，因此两车相撞不可能造成该车左右前照灯、转向灯破碎。

2）碰撞痕迹的宽度范围不符。载货汽车前保险杠的变形宽度为 1700mm，以两端最为严重，而雷克萨斯轿车后部的变形宽度范围为 1400mm，因此两车碰撞宽度范围不符。

3）碰撞痕迹的变形深度不符。雷克萨斯轿车的右 C 柱变形高度在 1000 ~ 1200mm，距其尾部约 700mm。而与后车相对应的位置均与前保险杠等近乎平齐，碰不至前方约 700mm 距离的右 C 柱。

4）载货汽车的前保险杠左端有两个长方形孔洞，而前车尾部没有如此尖利的物体可以在碰撞后使该车产生这样的两个长方形孔洞。

5）从路面上尾灯破碎散落物即追尾碰撞点距沟坡 2500mm，再往前约 4000mm 是桥栏杆，中间有一水泥平台，平台上无任何轮胎压痕及刮擦痕迹，而雷克萨斯轿车车长约 5000mm，当时前轮应在距前端 4000mm 的平台中间，车辆从此落入沟坡而平台上无任何车轮压痕及刮擦痕迹，这是不可能的。

6）雷克萨斯轿车后部变形宽度范围约 1400mm，基本为正面碰撞，碰撞后该车应向前方行驶，不可能驶入路边河沟中。

7）雷克萨斯轿车尾部有碰撞痕迹，未发现因碰撞而造成的电路搭铁短路，因此该车起火不是因为碰撞而产生的。该车中部驾驶室内烧损严重，前端发动机周围烧损较轻，说明起火是中部开始向两边蔓延，而不是由车的后部开始起火的。

【本案结论】由于两车的碰撞痕迹明显不相符，因而报案人所主张的“两车追尾碰撞，雷克萨斯轿车滑入坡底，起火燃烧”的观点与事实不符。

【本案启迪】

1）近年来，汽车保险欺诈出现了新的趋势，已经由过去的车主单方作案转变成团伙作案模式。他们利用老旧车型，频繁以在交通事故中受害的第三者身份向不同的保险公司提出索赔。这种模式的欺诈，一般是标的车的第三者责任保险的限额相对较高，事故中的“三者”损失基本可以将“三者险”的责任限额赔光。作为案发时间与地点，一般选择在半夜无人的偏僻路段，本案中，雷克萨斯轿车的车龄已达 13 年零 3 个月，载货汽车的三者险限额高达 50 万元，案发于晚上 23:00 时许的县乡道路石桥前面，没有任何目击证人，基本符合这种保险欺诈的特征。

2）在本案中，通过比对两辆汽车的碰撞痕迹，得出碰撞痕迹不相符的结论；通过比对路面遗留的脱落物以及车轮痕迹等，得出碰撞现场痕迹不吻合的结论；通过分析雷克萨斯轿车燃烧之后的残余物，分析出起始起火位置，从而有效地推翻了报案人的原始主张。

3）对于此类案件的现场查勘，必须认真比对相关痕迹，分析事故现场的遗留物、分析燃烧之后的车体残余物，必要时采访目击证人，锁定证据，推翻报案人的虚假证词，揭露保险欺诈分子的伎俩。

案例 2–24 前端碰撞起火的载货汽车

【案情简介】报案称，8 月 7 日 11:00 左右，一辆东风 LZ425JDF 牵引车（主车）拖挂着一辆泰鹏牌 LHT9401CLXY 挂车，行驶至某一级公路的一段路段时，因躲对面来车而撞到了桥墩上，造成本车起火。

经认真查勘后得知：

1）在事发路段，本次事故造成路边的金属护栏向外弯曲约25cm，上面有碰擦的孔洞及变形划痕，护栏立柱向外歪斜，路沿石被撞翻倒或移位，上面有黑色的印痕（图2-173）。

2）桥头立柱被撞折断歪斜约45°，部分破碎，内部钢筋裸露。桥护栏上端金属护栏部分掉落，车辆停车地点距开始碰撞地点约40m，在此路段下端水泥护栏上有黑色印痕，上端金属护栏多处变形、刮擦、弯曲，地面上有洒落的油迹（图2-174）。

3）在停车地点，地面上有一片黑色着火痕迹，水泥护栏内侧面多处掉落、起皮，金属护栏漆层烧毁，已生锈，有部分弯曲。

4）查勘的事故车停放在停车场，主车已全部过火烧毁，前桥总成已与主车分离，轮胎烧尽，钢丝裸露，轮圈侧面有严重磨损、划伤且变形失圆，轮圈外侧螺母上有烧毁的导线相缠绕（图2-175）。

5）前保险杠右端，右前翼子板碰撞弯曲或变形，后端油箱已烧无，蓄电池托架严重向后变形，蓄电池被烧毁得只余少部分残留，电路绝缘层烧尽，线芯裸露，有撕断或熔断现象，车辆底盘上的部件、减振器、钢板弹簧、支架、消声器等有碰撞变形痕迹，挂车前端约3m过火烧毁，左侧有碰撞变形（图2-176）。

图2-173 碰撞的高速护栏

图2-174 烧损的路面护栏

图2-175 烧损车辆的线路情况

图2-176 烧损车辆的整体情况

【本案分析】

1）从对事发路段勘验和事故车辆的勘验，说明事发时车辆与高速公路护栏、路沿石、桥头立柱、桥水泥护栏和金属护栏等发生了严重的碰撞、刮擦、摩擦等，并造成了前桥总成脱落。

2）事故车辆的前保险杠右端弯曲，右前翼子板严重变形，变形的位置和碰撞强度说明碰撞使右侧的油箱和蓄电池及电路遭到破坏，使燃油产生泄漏，蓄电池电路被挤压撕断。

3）车身部件与金属护栏、水泥护栏碰撞、摩擦后，必然会产生火花和高温，从而使泄漏的燃油起火，而轮胎则助燃了火势，将车辆的其他可燃物引燃，最终将主车全部烧毁，并将挂车前端约 3m 范围烧损。

【本案结论】该车起火原因是车辆与护栏碰撞之后，造成了燃油的泄漏，泄漏的燃油与摩擦产生的火花遭遇而起火燃烧的。

【本案启迪】汽车的碰撞，完全有可能导致油管的破碎，从而使得燃油泄漏而出，这些泄漏出来的燃油，一旦遇到火星，就会起火燃烧，严重时导致车辆的全损，甚至造成车载货物、第三者货物的烧损。

第五节　爆炸起火

所谓爆炸，是指物质从一种状态通过物理的或化学的变化突然变成另一种状态，并放出巨大的能量而做机械功的过程。爆炸点周围的介质有急剧的压力突变，通常同时伴随有强烈的放热、发光和声响效应。

从爆炸的定义来看，主要是指在爆炸发生时所产生的稳定爆轰波，也就是有一定体积的气体在短时间内以恒定速率辐射性高速胀大（压力变化），没有指明一定要有热量或光的产生。而爆炸声的产生，主要是源自于爆炸时所产生的气体膨胀速度高于声速所致。

爆炸体系和它周围的介质之间发生急剧的压力突变是爆炸的最重要特征，这种压力突跃变化也是产生爆炸破坏作用的直接原因。

一般性质的爆炸都是由火而引发的。但是，如果将两个（或两个以上的）互相排斥或不兼容的化学物质组合在了一起，形成第三种化学材料，就会引起小型或大型爆炸的发生。

爆炸是一种极为迅速的物理或化学能量释放的过程。在此过程中，体系内的物质以极快的速度把其内部所含有的能量释放出来，转变成机械功、光和热等能量形态。常规的爆炸一旦失控，就会发生爆炸事故，产生巨大的破坏作用。

图 2-177 爆炸了的锅炉

爆炸为什么能够产生巨大的破坏作用？其根本原因在于构成爆炸的体系内存有高压气体或在爆炸瞬间生成的高温、高压气体或蒸气的骤然膨胀。

按照爆炸的性质不同，爆炸可分为物理性爆炸、化学性爆炸和核爆炸。

物理性爆炸是由于物体的物理变化（温度、体积和压力等因素）而引起的。在爆炸发生的前后，爆炸物质的性质及化学成分均不改变。锅炉的爆炸（图 2–177）是典型的物理性爆炸，其原因是过热的水迅速蒸发出大量蒸汽，使蒸汽压力不断提高，当压力超过锅炉的极限强度时，就会发生爆炸。当氧气钢瓶受热升温，引起气体压力增高，当压力超过钢瓶的极限强度时也会发生物理爆炸。发生物理性爆炸时，气体或蒸气等介质潜藏的能量在瞬间释放出来，会造成巨大的破坏和伤害。

化学爆炸是由化学变化造成的。化学爆炸的物质不论是可燃物质与空气的混合物，还是爆炸性物质，都是一种相对不稳定的系统，在外界一定强度的能量作用下，能产生剧烈的放热反应，产生高温、高压和冲击波，从而引起强烈的破坏作用。

在汽车上所发生的爆炸（图 2–178），基本上都属于化学性质的爆炸。如果在一辆车内装载有易爆物品，或者在车体上安装了爆炸物品，爆炸物品自身的爆炸肯定会引起汽车的起火，甚至有可能引起油箱的爆炸。另外，停放或行驶的车辆被外部的爆炸物引爆，也会将车辆炸坏并引燃烧毁。

核爆炸是由物质的原子核在发生“裂变”或“聚变”的连锁反应瞬间放出巨大能量而产生的爆炸，如原子弹、氢弹的爆炸就属于核爆炸。

图 2–178 发生在巴格达街头的汽车爆炸场景

案例 2–25 车内放置的打火机晒爆引起起火的别克凯越轿车

【案情简介】据驾驶人描述：8 月 15 日 14:30 左右，他所驾驶的一辆别克凯越轿车，在停放于华东某市市区内的一路段大约 2h 后，莫名其妙地起火燃烧了。据称，当日气温达 39℃，车所停放的位置受阳光直射，在车辆发生着火前，驾驶人在仪表台上随手放了一个新买的打火机。

经过对起火车辆的现场查勘，发现有以下迹象：

1）该车车身的油漆涂层大部分被烧尽，车身铁皮裸露，只剩车尾部少量漆层残留；前保险杠、前中网、前部灯光组件等可燃物烧毁脱落；发动机舱盖、左右前翼子板后端呈白色；后保险杠、尾灯部分残留（图 2–179）。

2）驾驶室内的仪表台、座椅、内饰等可燃物全部被烧尽了，其内部铁质骨架裸露；室内电器烧毁或脱落，呈强烈燃烧的痕迹；驾驶室内的电路大部分缺失，剩余部分的绝缘层也被烧尽了，线芯裸露，但没有烧结和熔珠现象。在仪表台下部的脱落物中找到了打火机的铁质部件（图 2–180、图 2–181）。

3）发动机舱内的塑料件、橡胶件等可燃物全部烧尽（图 2–182）；发动机上部的一部分呈黑色（图 2–183）；机舱内的电路大部分都缺失，剩余部分的绝缘层也烧尽了，线芯裸露，但没有发现烧结和熔珠的现象。

4）车辆的底部烧损程度较轻（图 2–184）。

图 2–179 车辆烧损情况全貌

图 2–180 仪表台及前部烧损情况

图 2–181 驾驶室中后部烧损情况

图 2–182 机舱烧损情况

图 2–183 发动机上部烧损情况

图 2–184 车辆底部烧损情况

【本案分析】

1）该车车身的油漆涂层大部分被烧尽了，车身的铁皮裸露，只剩下了车尾部的少量漆层残留。前保险杠、前中网、前部的灯光组件等可燃物全部烧毁脱落，发动机舱盖、左右前翼子板后端呈白色，后保险杠、尾灯部分残留，说明该车的着火范围应该在车辆中部的仪表台位置。

2）发动机舱内的塑料件、橡胶件等可燃物全部被烧尽，机舱内的电路绝缘层也全部被烧尽，线芯裸露，但却没有发现烧结和熔珠，发动机上部部分呈黑色。说明火源不是来自于发动机舱的电路短路。

3）驾驶室内的仪表台、座椅、内饰等可燃物全部烧尽，其内部铁质骨架裸露。室内电器烧毁或脱落，呈强烈燃烧的痕迹。说明该车及驾驶室内机件烧损程度较机舱严重得多，驾驶室为首先起火的部位。驾驶室内电路绝缘层烧尽，线芯裸露，没有烧结和熔珠，说明该车起火与驾驶室内的电路无关。

4）在仪表台下部的脱落物中检出了打火机的铁质部件，不能排除打火机被晒爆起火可能性。

【本案结论】经实车勘验及以上分析：该车起火为打火机被晒爆炸后起火引燃。

【本案启迪】当高温天气在密闭车窗的车内放置气体打火机、香水时，假如车窗玻璃被阳光长时间地直射，就有可能晒爆它们，晒爆的打火机等会在密闭车窗的车内充满可燃气体。假如只是如此的话，那也不可能引发火灾。假如晒爆的打火机打碎了仪表台上的电源线的话，那就会产生微弱的火花，而这点微弱的火花，足以将充斥于车室之内的可燃气体引燃。

为了保证用车安全，驾驶人应该养成不在仪表台上放置易燃、易爆物品的良好习惯。

案例 2–26 蓄电池爆炸引起起火的本田雅阁轿车

【案情简介】报案称，一辆本田雅阁轿车在 8 月 13 日行驶到了某单位的院内，停车后大约 20min，莫名其妙地发生了火灾事故。幸亏当时车停在单位的院内，人员较多，灭火器材也齐全，大家齐心协力、奋力扑救，才及时扑灭了火灾，避免了更大的损失（图 2–185）。

经查勘人员的现场查勘发现：

1）蓄电池爆裂，损坏严重（图 2–186）。

2）分电器盖及高压线烧损；发动机舱内配电盒烧损；空调低压管受损；发动机下水管、变速器壳受蓄电池电解液污染（图 2–186、图 2–187）。

3）空气滤清器壳烧损（图 2–188）。

4）自动变速器电缆线束及发动机部分电缆线束烧损。

5）发动机舱盖的内衬受损，并变形。

图 2–185 扑救及时的雅阁轿车

图 2–186 起火后的发动机舱（1）

	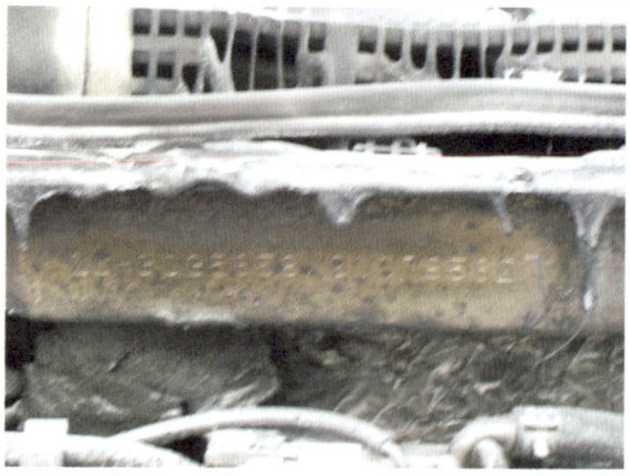
图 2-187 起火后的发动机舱（2）	图 2-188 车内烧损的塑料装饰板

【本案分析】

1）根据车辆火灾后的损失程度，可以确定蓄电池为本次事故的燃烧中心。

2）据车主反映，该车蓄电池已使用约 2 年时间，可能出现极板变形、脱落，形成过充电现象。

3）从车辆的实际损坏情况来看，蓄电池缺少电解液，在内部封闭空间内积聚了较大量的电解液电解后形成的氢气，在温度较高的发动机周围环境下（车辆刚停驶后机舱内温度更高），蓄电池内积聚的氢气迅速膨胀，达到一定程度后发生爆炸，引起了火灾。

【本案结论】经实车勘查综合分析得出：该车火灾事故系因蓄电池爆炸引起的。

【本案启迪】由于汽车电器件存在着一定的火灾隐患，假如在用车过程中发现某件电器存在着一定的安全隐患，应该毫不犹豫地予以更换。

案例 2-27 爆炸物爆炸炸毁的奥迪轿车

【案情简介】车主报案称，3 月 5 日，自己的一辆奥迪轿车停放于一个村镇的院内，凌晨 4 时左右，突然听到车辆发生爆炸，马上起床查看，发现车辆的前部严重受损。

经现场查勘发现：

1）在车前 60cm 处（坑中心至冷凝器处）有一被炸成的直径为 56cm 的圆坑，坑深 25cm，坑的上层边缘是厚度 5cm 的水泥层，下部是潮湿的土地（图 2-189）。

2）车前部的前保险杠，前中网，前照灯，转向灯等已被炸飞，电缆电路被炸的多处弯折和撕裂（图 2-190）。

3）前保险杠骨架从中间偏右处断裂且向上弯曲高度达 40cm，散热器上框被炸向上拱曲高达 15cm。

4）右前纵梁前端被炸向上弯曲达 7cm，左前纵梁前端向上弯曲 5cm。

5）发动机舱盖被炸飞出并将上端 3m 高的遮阳棚击穿落在距车 10m 开外的地方（图 2-191），机盖的内外两层被炸分离，两层都被炸成 U 形，其两端拱曲达 39cm，内层多处被炸撕裂（图 2-192）。外层右端距前边缘 8cm 处炸出一边长 4.6cm 的方形孔，左端距左边缘 6cm 处炸出一 8.5cm×6.5cm 的长方形孔，其孔边缘均为向外撕裂。

6）发动机前端及周围被炸坏部件有：电子扇罩、主副风扇电动机、传动带、带轮、发动机上的塑料罩、底护板、油底壳、吸气泵等，发动机前端周围有大量的碎沙、石子、塑料碎片，附着在机件表面（图 2–193）。

7）车辆的风窗玻璃被炸碎，右前门，右后门玻璃被炸碎，右前倒车镜被炸烂，左前倒车镜损坏较轻（图 2–194）。

8）整个车身已被炸变形，右前门、右后门外皮变形较严重，左后门变形较轻，车门关闭不严，左前门玻璃跑出轨道槽，两前轮制动底板被炸向外弯曲（图 2–195）。

9）冷凝器和散热器多处被炸撕裂，底部中间被炸烂，剩余部分中间向上拱曲，其散热片从底部中间向上、向外倾倒成发散状，两前翼子板向外膨出（图 2–196）。

图 2–189 车前被炸出的深坑

图 2–190 爆炸受损的车辆前端

图 2–191 爆炸事故现场的遮阳棚

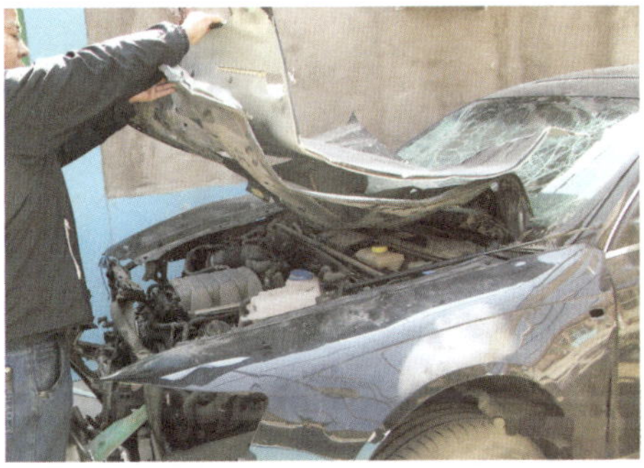

图 2–192 被炸撕裂的发动机舱盖

图 2–193 受损的发动机前端

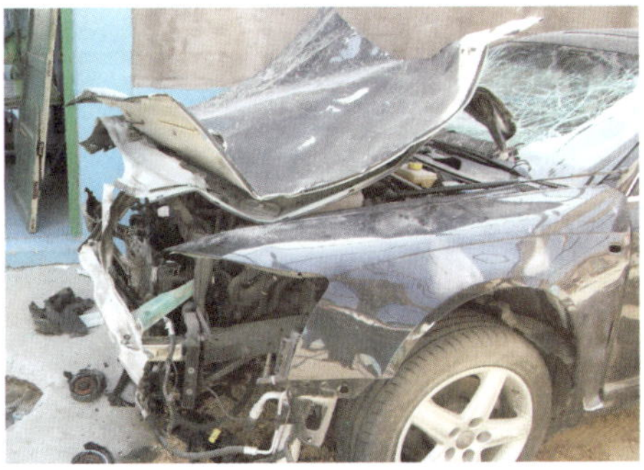

图 2–194 受损的风窗玻璃等

图 2-195 被炸变形的车身

图 2-196 被炸变形的散热器

【本案分析】

1）从车辆部件的损坏程度来看，爆炸发生在车的前部，因为前保险杠、前照灯等被炸飞；从汽车上被炸的零部件被炸后呈现的形状来看，说明爆炸发生在车的底部，因为前保险杠骨架、散热器等被炸后中间均呈现向上拱曲或断裂，前保险杠骨架向上弯曲断裂高度达 40cm，散热器框架向上拱曲达 15cm。

2）从被炸零部件被炸后呈现的形状还可看出，爆炸发生在车前部的中间位置，因为冷凝器、散热器等零部件是底部的中间位置损坏最为严重。其上散热片从底部中间向外发散、倾斜就是最好的证明。

3）从车辆前部被炸出的圆形坑的位置，说明爆炸发生在车前底部中间偏右一点，可以断定该车爆炸中心在前保险杠底部与冷凝器、散热器之间偏右一点的位置。

4）地面上炸出了直径 56cm、深 25cm 的圆形坑，而且圆坑的表层是厚 5cm 的水泥路面，爆炸将车辆的发动机舱盖炸出腾空数米并落在距车头 10m 以外的位置，在车辆停车拉紧驻车制动的情况下，车辆被炸后退约 60cm，两块前翼子板被炸开外翻，风窗玻璃及右前门、右后门玻璃被震碎；爆炸所引起的气体冲击波，由墙体反射到右部车身，使右前门、右后门外的铁皮变形严重，由车身底部爆炸气体和车身右部反射气体的合力作用将整个车身炸得变形，车门关闭不严，车内部的装饰板、顶篷灯罩等均被震落，两前轮制动底板被炸外翻，说明爆炸所产生的能量较大。

5）根据奥迪轿车的结构特点，车的前部、保险杠和冷凝器、散热器之间没有易燃易爆的物体，排除了爆炸事故是因车辆本身引起的可能性。

【本案结论】该车爆炸是由事先放置的外来爆炸物引起的。

【本案启迪】随着经济活动开展频率的日益增加，由于利益关系的影响，在某些人中可能会存在纠纷，从而导致报复行为的发生。从本案的事故现场来看，假如有人怀疑是车辆自身原因导致爆炸的话，那就无法解释事故所造成的如此巨大的损失以及在地面上形成的爆炸深坑，只有外来的强力爆炸物爆炸，才有可能造成这么巨大的损失。

案例 2-28 犯罪分子引爆的本田思域轿车

【案情简介】2007 年 7 月某日的 17:30 左右，华东某市一位 31 岁的女士驾驶着一辆本田思域私家车下班回家。就在她快要到达自己所住的小区时，路人突然听到了一声巨响，只见她所驾驶的思域轿车被炸成了碎片（图 2-197 ~ 图 2-199），大火冲天而起，不仅驾车的女士被当场炸死，而且还引燃了一辆与其并行的桑塔纳出租车。

在被扑救之后的事故现场可见，除了被直接引爆的本田思域轿车之外，与其并行的桑塔纳轿车的油箱并没有起火燃烧，只是烧损了车的外表（图 2-200、图 2-201），事故现场还可见到明显的爆炸之后的车体零部件及人体组织（图 2-202）。

图 2-197 爆炸起火的事故现场（1）

图 2-198 爆炸起火的事故现场（2）

图 2-199 爆炸起火的事故现场（3）

图 2-200 施救之后的事故现场（1）

图 2-201 施救之后的事故现场（2）

图 2-202 现场的车体零部件及人体组织

【本案分析】本案发生后，警方迅速展开了侦查，根据现场遗留的蛛丝马迹，很快抓获了犯罪分子，使其得到了应有的惩罚。

据犯罪分子的交待，为了发泄自己的私愤，他雇用其他犯罪嫌疑人在车主上班期间偷偷在其座位底下安放了炸药及起爆装置。当车主在不知情的情况下驾车回家时，犯罪分子所雇用的人员事先等待在车主居住的小区附近。当见到车主驾车驶来时，便按下了手中的遥控起爆装置，引爆了座位底下的炸药，制造了这场惨祸。

虽然直接引爆的本田思域轿车被炸成了碎片，但与其并行的桑塔纳轿车的油箱却并没有起火燃烧，更没有发生爆炸，只是引燃了其车身，这说明油箱中的汽油在密闭状况下并不太容易被引燃。

【本案结论】这是犯罪分子故意实施的违法犯罪行为，利用事先安装于车上的炸药制造了这起犯罪事故，引爆并烧毁了汽车。

【本案启迪】事先安装于轿车座位底下的爆炸物，被引爆之后对汽车自身以及车上的乘员所造成的损失是巨大的。而且，大白天发生于公共场合的爆炸事件，容易引起公众的恐慌，属于性质极其恶劣的犯罪行为。天网恢恢，疏而不漏，犯罪分子公开挑战法律的犯罪行为必定受到法律的制裁。

案例 2-29 碰撞引起爆炸起火的烟花爆竹运输车

【案情简介】报案称，7 月 3 日 4:50 左右，山东某县驾驶人张某驾驶一辆解放牌重型半挂车沿济青高速公路由西向东行驶至青岛方向 40km 处时，与赵某所驾驶的停放在路边的金杯牌小型客车碰撞后，又与吴某所驾驶的一辆欧曼牌载货汽车（装载 12t 烟花爆竹）发生碰撞，致使三车驶入右侧路边沟内，造成欧曼牌载货汽车所载烟花爆竹着火，金杯小客车驾驶人及乘车人员死亡，解放牌半挂车驾驶人张某受伤的交通事故。事故现场如图 2-203、图 2-204 所示。

通过查勘受损的三部车辆，发现以下迹象：

1）解放牌半挂车。该车的驾驶室被撕裂得严重变形；驾驶室内所有座椅、内饰、仪表台等全部烧损，驾驶室外的饰件、前灯光组件、前保险杠等全部烧损；发动机附近的橡胶及塑料件全部烧损，铝质气门室盖、进气歧管、散热器等出现高温塌陷熔化；全车线束燃烧后大部分铜芯裸露，经查勘未发现电路短路、烧结现象；主车第一桥左右两个轮胎均爆裂，主车后桥左右两个轮胎烧损；挂车车厢严重变形，左右 12 条轮胎全部烧损，主挂车多处粘附有鞭炮爆炸后的碎纸屑（图 2-205、图 2-206）。

2）金杯小货客车。该车驾驶室严重变形；外饰件、前灯光组件、前保险杠、车门玻璃等全部烧损；驾驶室内的座椅、仪表台、内饰件等全部烧损；前桥左右轮胎全部烧损；发动机橡胶及塑料件全部烧损；后厢板产生变形并有燃烧痕迹；后桥碰撞后产生严重位移；左右轮胎未见烧损痕迹，经对燃烧后的全车线束检查未见短路烧结现象（图 2-207）。

3）欧曼牌载货汽车。全车均有较强的燃烧痕迹；驾驶室内的座椅、仪表台、内饰件等全部烧损；驾驶室外的饰件、门窗玻璃、前保险杠、前灯光组件等全部烧损；全车轮胎全部烧损；发动机附近的橡胶及塑料件全部烧损；检查全车线束未发现短路烧损现象；整车前部未见碰撞变形痕迹；车厢右后角位置碰撞后产生变形，右后厢板及右后厢门碰撞后产生脱落；车厢内残留有大量鞭炮爆炸后的纸屑残留物；左侧厢板后部漆面全部烧损，前部尚有部分残留漆面（图 2-208 ~ 图 2-210）。

图 2-203 尚在起火燃烧的事故现场

图 2-204 爆炸之后遍地的烟花爆竹碎片

图 2-205 解放牌半挂车前部

图 2-206 解放牌半挂车侧面

图 2-207 金杯前部烧损车辆情况

图 2-208 欧曼车后部烧损情况

图 2-209 欧曼车上鞭炮爆炸后的残留物

图 2-210 欧曼车侧面烧损情况

【本案分析】

1）根据对三部涉案车辆的现场查勘，各车事故后的线束均未发现有短路、烧结现象，且均未见燃油泄漏造成的助燃现象，因此，可以排除因事故造成的油路或电路故障而引起的火灾事故。

2）根据对欧曼载货汽车的勘验，其车厢右后角位置因受到碰撞而产生变形，右后厢板及右后厢门则在碰撞后导致脱落。这说明该车在本次事故的撞击中，货厢右后位置受到了较为猛烈的撞击。

3）根据对欧曼载货汽车驾驶人的询问，证明该车上所装载的货物为烟花爆竹，数量多达 12t。

4）现场照片反映，在事故现场的地面上布满了鞭炮爆炸后的碎纸屑，且该车车厢内还残留有大量鞭炮爆炸后的纸屑残留物，说明车上所载货物主要以鞭炮为主。鞭炮中的火药成分主要是硝酸钾、镁、碳、硫等，其中镁的燃点最低，为 38 ~ 40℃，镁在燃烧后能释放出大量的热，使得硝酸钾和高氯酸钾分解、释放氧气来支持碳和硫的燃烧，也就是说只要达到了镁的燃点，这个反应就可以顺利进行下去。

5）根据该车右后位置的变形状态，能够说明发生事故时，车厢右后角受到了强烈的撞击，在撞击力的作用下，所载鞭炮被挤压摩擦，使其温度升高，达到了鞭炮中火药的自燃温度，导致燃烧；或者事故发生时产生了撞击火花，直接将鞭炮中的火药点燃。

6）由于运输车辆上所装载的烟花爆竹数量多达 12t，燃烧后产生强大的爆炸力，引起巨大火灾，使三辆汽车均受损。

【本案结论】综合现场照片、询问笔录及车辆勘验，可以证明本次事故后发生的车辆着火，原因在于欧曼载货汽车所载烟花爆竹在受到撞击后燃烧爆炸所致。

【本案启迪】

1）烟花爆竹属于易燃、易爆的化学危险品，其运输要求应该执行化学危险品运输的相关规定。

2）一般说来，未经公安交通管理部门和消防部门同意，烟花爆竹等危险化学品运输车辆，不得在市区道路载货停放；不得在机关、商店、市场、影剧院、学校和商业繁华区、居民聚居区、旅游风景区等人员稠密地区附近停车。

3）运输烟花爆竹的车辆必须实行专车专用及运输许可证、准运证和定期审验制度；必须通过交通局、消防局、公安交通管理局、劳动局等有关部门的审查；运输的时候必须有培训合格的驾驶、装卸、押运等作业人员；运输的车辆还必须经公安交通、消防、劳动部门指定的检测单位安全检测合格才能上路。

4）其他车辆在路途中遇到运输化学危险品的车辆时，应该与其保持适当的距离，尽量减少与其发生碰撞事故的概率。

案例 2-30 维修操作不当导致的油罐车爆炸

【案情简介】据介绍，11 月 25 日 9:30 左右，一辆拖挂原油运输车的油罐车驾驶人在完成一次运输任务后请示调度，因车辆发生故障要求送修车辆。得到同意后，于当天下午将车送到修理厂维修，16:10 左右车辆发生爆炸。

油罐车的爆炸，除了造成自身的损坏外（图 2-211），还将附近待修的两辆车（图 2-212）以及维修厂的厂房（图 2-213）炸坏，损失额很大。

爆炸发生后，维修厂的工作人员及时进行了扑救，扑救之后，车主向保险公司报案，在回答保险公司查勘人员询问“车辆是否是在维修期间发生的爆炸”问题时，车主说是维修尚未开始，自己刚刚停下就发生了爆炸。

经过认真地查勘，发现以下迹象：

1）主车整体过火，右侧严重、左侧较轻，整车有多个燃烧中心；驾驶室的前后均被挤压变形，其中上部的前后几乎接触在了一起（ 图 2-214）；驾驶室过火烧损严重；驾驶室内的仪表台总成、座椅等装饰板均烧损；线束被烧得铜线裸露，仪表台处部分线束被甩到前部刮水器臂处且被挤压；驾驶室翻转架两支承装置处于收缩位置；驾驶室处的车架右侧纵梁前部过火烧损，左侧纵梁没有过火只有烟熏痕迹；散热器上部过火熔化，下部尚有部分残余；第一轴右侧轮胎过火之后被炭化，左侧轮胎的气压尚存。

2）挂车的前部被过火烧损，而车的后部却没有任何过火的痕迹；罐体的前部爆开呈椭圆状，其尺寸为 2.8m×2.2m。左后尾灯总成是崭新的，左后侧挡泥板支承架有维修操作留下的新焊接的痕迹（图 2-215）。

3）牵引车车身尾部两纵梁大约长 1.5m 的部分过火严重。牵引装置只剩底座部分，其他部分在罐车上。左侧燃油箱只有烟熏痕迹，第三轴上两轮胎过火，钢丝部分裸露，第二轴上内侧轮胎过火，钢丝少量裸露，外侧轮胎过火，钢丝没有裸露，橡胶部分炭化。右侧第二轴、第三轴上所有轮胎过火，钢丝裸露（图 2-216）。

4）全面检查牵引车和挂车所有被烧损的线束，没有发现任何电路短路和过载现象所形成的烧结点。

5）事故发生在车辆维修的工作间，车间玻璃均破碎，地面上留有燃烧的痕迹，厂房顶棚有被烧过的痕迹，车间墙上的消防设施没有使用的痕迹（图 2-217）。

6）救火现场有大量的使用过的灭火器，灭火器分布在事故车辆的左右两侧，灭火器表面干净、漆面完好，喷粉塑料软管完好（图 2-218）。

图 2-211 爆炸损坏了的半挂油罐车

图 2-212 爆炸造成的三者车烧损

图 2-213 爆炸造成的维修厂厂房损坏

图 2-214 爆炸之后的驾驶室

图 2-215 挡泥板支承架新焊接的痕迹

图 2-216 右侧车轴上轮胎过火，钢丝裸露

图 2-217 爆炸现场被烧的厂房顶棚

图 2-218 救火现场使用过的灭火器

【本案分析】

1）检查车辆线束，没有发现电路短路和过载形成的烧结点，说明此次爆炸事故不是因电路短路引起的。

2）主车整体过火且呈现右侧严重、左侧较轻，整车有多个燃烧中心，因车辆为原油运输车，所以罐体爆炸残余的原油飞溅到的位置燃烧严重且形成燃烧中心。

3）火灾现场有大量使用过了的灭火器，分布在事故车辆的左右两侧，而且灭火器表面比较干净，漆面和喷粉塑料软管完好，车间墙上的消防设施没有使用，说明其施救过程是在油罐发生爆炸后进行的。假设爆炸前主车着火且进行了施救，因爆炸后又产生更大的燃烧，那么事故车辆左右两侧灭火器不会是以上的状况，因此可以判定油罐车在爆炸之前没有火灾产生。

4）检查油罐车，车辆的左后尾灯是新的，车辆左后侧挡泥板支承架有新焊接的痕迹，事故发生在车间内车辆维修的工位上，说明车辆在车间内进行过维修作业。由此可以判定车辆是在维修作业过程中因操作不当导致油罐爆炸并引起火灾。

【本案结论】经勘验及综合分析，本案中的油罐车爆炸，是由于车辆在维修过程中维修工操作不当引起的。

【本案启迪】根据车辆损失险条款的约定，车辆“在营业性维修、养护场所修理、养护期间”所发生的损失，属于免责。随着保险知识的普及，现在许多被保险人、汽车维修厂都明白了这个规定。一旦车辆在维修期间出现了事故，造成了损失，基于利益的考虑，维修厂有可能说服客户报假案，谎称属于没有开始维修发生的事故，以求获得保险公司的赔偿。本案中，查勘人员利用现场遗留物、车体维修痕迹等，分析出车辆已经开始了维修，证据充分，结论可靠，令人信服。

案例 2-31 油罐车爆炸案

【案情简要】报案称，一辆油罐挂车因发生事故而在道路旁停放期间，不明原因引起爆炸。请求查勘。

查勘得知：

1）涉案车辆系运油半挂车，载质量 31t，容积 $48m^3$。

2）挂车油罐前端盖因爆炸被顶开，右端撕裂向左侧转 90°（图 2-219）。

3）罐体因爆炸有不同程度的变形和膨胀，因罐体膨胀和变形将隔热层和外蒙皮胀裂，大部分散落在地上（图 2-220）。

4）罐内隔板只有最后一个还留在罐内，其余几个已随爆炸全部从前端喷离罐体，将主车驾驶室打烂并翻到车的前端。主车与挂车被冲分离，铰接处断裂，主车往前移约 2m，挂车后移约 2m 且后端与并行停放的同类挂车挤在一起（图 2-221）。

5）爆炸及冲击使主车驾驶室起火并烧毁，外部电缆线、部分轮胎等也已烧毁。

6）罐车前端爆炸呈现为高 2m、宽 2.35m 的椭圆形状。

7）罐体右前上角部有一长约 50cm 的加强焊接铁板覆盖在罐体边缘上。

8）罐体周围及罐体后部有泄漏痕迹。

9）罐体中后部的内壁上附有气体燃烧后留下的灰色烟尘和油罐爆炸时气体向前喷射的痕迹（图 2-222）。

图 2-219 爆炸之后的油罐车

图 2-220 被炸毁的油罐车

图 2-221 被炸毁的油罐车

图 2-222 爆炸时气体向前喷射的痕迹

【本案分析】

1）该车为一运输原油的罐体半挂车，爆炸发生时罐内没有原油，只有部分残余油料。虽罐体内存有含硫油品沉积物，但根据事发时的温度状况，达不到油品残留物的闪点温度，不会形成自燃。

2）事故现场反映：罐体（中后部）内壁附有大量气体爆炸燃烧后遗留的灰色烟尘，且表现为气体爆炸向前喷出掠过的痕迹，罐体内部最后面的一块隔板自前向后倾裂，其余四块隔板均自前方飞离罐体等。以上种种现象表明该车事故中心点位于油罐的中后部。

3）根据事发时车辆的状态、天气等情况，可排除因静电、雷击、碰撞摩擦等因素引起的事故。

4）根据油罐爆炸形式、爆炸中心点的位置，结合事发现场照片，可断定导致该罐体发生爆炸事故因素来自外界热能或明火，如敲击、非常规作业等因素。

【本案结论】经实车勘查综合分析，该油罐车爆炸事故系因外来因素引起。

【本案启迪】作为营业性车辆的罐车，使用一段时间后往往会出现诸如罐体开裂等故障，车主在发现之后往往会求助修理厂或自行请人帮忙进行焊修。如果焊修的过程中操作不当，罐内残留的油料就有可能引起爆炸起火。由于车主清楚这种行为应该属于保险条款的免责范围，便会故意隐瞒事实真相，谎称其他原因或自己不清楚的原因导致了事故的发生。

案例 2-32 装油导致的挂车爆炸

【案情简要】报案称，一辆挂车于 12 月 6 日 6:15 左右，在油田装油时挂车不明原因爆炸，造成车损（图 2-223）。

查勘得知：

1）挂车罐体的前端面鼓出约 400mm，整个端面因外鼓有六处较明显的凹陷，相连的筒体也形成凹陷，凹陷的最大长度达 500mm，下部的表层铁皮断裂（图 2-224）。

2）罐体后端面同样鼓出 300mm 左右，端面左右侧有因外鼓形成凹陷，上下边有多道凹陷，并且漆层脱落。

3）罐体下部只有后部信号灯线，但未见有短路及搭铁现象（图 2-225）。

4）罐体下方有多道横梁与车架纵梁相连将罐体支撑，两侧的小横梁下部焊接处因罐体爆炸变形均与主车架断开。且罐体后部的三道支撑横梁均将车架大梁撕裂（图 2-226）。

5）罐体后下部为一宽约 250mm 的横梁，安装有左右尾灯，在靠近左尾灯处有一块后牌照，牌照由四个螺钉固定，右下方的螺钉将静电绳带挤在横梁与后牌照之间，横架上在静电绳带挤压处的漆层未见清除痕迹，静电绳带内有两条铜线（图 2-227）。

6）罐体内部横隔铁皮及内表面铁皮因爆炸造成撕裂（图 2-228）。

图 2-223 受损的油罐车右后侧

图 2-224 受损的油罐车左后侧

图 2-225 无搭铁现象的后部信号灯

图 2-226 后部支撑横梁将车架大梁撕裂

图 2-227 油罐车尾部

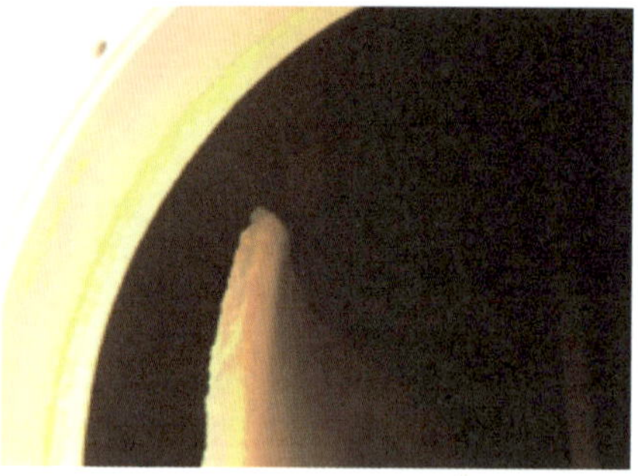

图 2-228 被撕裂的罐体内部横隔铁皮

【本案分析】

1）该事故发生在早晨 6:15 左右的加油过程中，后部灯线应该没有任何电流通过，经查也未见有短路痕迹，而且电路均布置在罐体的下部，因此可以排除电路短路形成火花将罐体引爆的可能性。

2）罐体后下部为一宽约 250mm 的横梁，安装有左右尾灯，在靠近左尾灯处有一块后牌照，牌照由四个螺钉固定，右下方的螺钉将静电绳带挤在横梁与后牌照之间，横架上在静电绳带挤压处的漆层未见清除痕迹，静电绳带内有两条铜线。因此对于静电电荷释放的实际效果难以保证。

3）加油时会在罐体口处产生油气排出，因此，只有静电火花会将其点燃，当时罐口开着，才没完全将罐体爆炸开裂。

4）该挂车罐体的前端面鼓出约400mm，整个端面因外鼓有六处较明显的凹陷，相连的筒体也形成凹陷，凹陷的最大长度达500mm，下部的表层铁皮断裂。罐体后端面同样鼓出300mm左右，端面左右侧有因外鼓形成凹陷，上下边有多道凹陷，并且漆层脱落。说明罐体已完全变形和膨胀，已无可使用价值，应予报废。

5）罐体下方有多道横梁与车架纵梁相连将罐体支撑，两根纵梁外侧的小横梁下部焊接处因罐体爆炸变形均与主车架断开。且罐体后部的三道支撑横梁均将车架两根纵梁撕裂。因此相连的主车架也已损坏，无法修复使用。后部的尾灯也已损坏，也应更换。

6）只有挂车的三个后桥及轮胎尚可继续使用。

【本案结论】

罐车是由于在加油过程中，罐口处产生静电火花将油蒸气点燃而形成的爆炸事故。

【本案启迪】

1）静电起火多发于车辆加油的过程中，其形成原因主要有：无静电绳带引导放电；静电绳带失效；向罐车加注油料的工作人员穿着容易产生静电的化纤服装（如腈纶、涤纶、混纺布料）；加注油料的设备没有安装消除静电的装置或失效。

2）对于运输可燃物品的车辆，避免车辆火灾是头等大事。本案提醒驾驶人及维修人员除防止明火和严禁吸烟外，还要确保静电绳带的可靠有效，不穿着容易产生静电的衣物。

3）因静电而导致的起火属于车辆损失险的保险责任。

第六节　机械事故导致的车辆火灾

所谓机械事故导致的车辆火灾，指的是由于车辆自身的机械故障导致的起火燃烧事故。

1. 导致汽车起火燃烧的机械事故

1）发动机发生机械故障。因发动机机械故障溢出的燃油、润滑油或出现的其他易燃物品，导致车辆起火燃烧。

2）制动系统故障。如制动管路漏气、制动蹄片过薄、蹄鼓间隙过小等。

3）车轮及轴承系统故障。如轮毂轴承破碎、轴承锁紧螺母松动、车轮固定螺母松动、假冒伪劣配件等。图2-229所示即为一辆满载煤炭的货车因轮毂轴承破碎而导致的起火燃烧。

图2-229　轮毂轴承破碎导致起火燃烧的煤车

4）汽车长时间超载运行。从两个方面来说，汽车超载可能导致起火。

①制动器超负荷工作产生制动高温。汽车的制动系统是一种可以将动能转变为摩擦形式热能的机械系统，这种摩擦有助于汽车的减速。制动系统的热量是通过固定在制动蹄片上的摩擦片与制动鼓或制动盘之间的摩擦产生的。这种聚集的热量不因汽车的行驶而消失或制动鼓的适当通风而散发，如果汽车超载行驶，频繁的制动不仅会使摩擦片与制动鼓或制动盘之间产生的热量增多，而且也会使制动器处于过度疲劳的工作状态，一旦液压油出现泄漏，聚集的热量就会将油液加热到燃点使其起火。而且，长时间、高强度的制动将导致制动鼓过热，制动鼓随之又将热量传导到附近的可燃物（轮胎），增加了起火燃烧的可能性。

②轮胎摩擦过热。轮胎摩擦过热有几种情况：一是气压不足；二是超载；三是气压不足与超载的综合效应。这些情况都会造成轮胎的侧壁弯曲。轮胎弯曲所产生热量的速度要比机动车行驶中散发热量的速度快得多，其结果是侧壁的温度升高，将侧壁纤维与橡胶材料的粘结破坏，所形成的分离又加剧了松散线绳与橡胶间的摩擦，从而产生了更多的热量。如果机动车停驶，失去了风的冷却作用，聚积的热量会很快使侧壁的温度上升而造成自燃（图 2–230）。

图 2–230 行驶时轮胎起火燃烧

轮胎起火以在高速公路上行驶的车辆居多。理论上来说，任何机动车的轮胎都可能发生起火燃烧的事故，而对于载货汽车或拖挂车上的双轮胎来说，则其危险性会更大。当两个轮胎中有任何一个轮胎的气压不足时，就有可能发生这种现象，原因是：由于相邻的轮胎承受了双倍的载荷而形成过载，因此导致了轮胎的摩擦过热。

2. 机械摩擦导致起火的共同特征

1）车辆处于重载荷、长时间高速行驶过程中。

2）起火燃烧之后，摩擦副处有高温变色的痕迹。

3）在烧损之后的事故车辆上，可能会找到着火前已经损坏了的零部件，或者车辆缺少必要的或定期的强制维护。

3. 机械摩擦导致起火的预防与理赔

由于汽车的机械事故而引发的汽车火灾并非不可预防，这些本可以避免发生的火灾事故，我们没有理由不设法防止其发生！

及时地对车辆进行维护，消除一切故障隐患，这是避免机械事故导致的车辆火灾的重要前提；根据车辆核定的额定载质量，适当考虑车辆的行驶路况、路途以及所装载货物的性质，合理进行货物装载，就会在很大程度上避免此类事故的发生。

由于汽车的机械事故而导致的汽车起火是否应该给予保险赔付，在保险学术界、法学界均存在不同的认识，即使在各家保险公司的理赔实践中，也存在着两种不同的做法：有的认为应该赔付，有的认为不应该赔付。

认为应该由保险公司给予赔付的理由是这种起火形式应该属于自燃或车辆损失险的一种；认为不应该由保险公司给予赔付的理由是这种起火损失属于机械事故导致的，应该在车辆保险的责任免除范围。

案例 2-33 发动机捣缸后机油泄漏引起火灾

【案情简要】据报案人描述，他自己的一辆大众牌轿车在高速行驶中无缘无故地起火燃烧，造成了车辆的报废（图 2-231）。

经对涉火车辆勘验，基本情况如下：

1）车辆整车过火烧损。前后保险杠、灯光组件、全车玻璃均过火烧损，两后轮铝合金轮圈过火，一部分熔化或塌陷，两前轮铝合金轮圈过火，大部分熔化或塌陷。后保险杠骨架处尚有少量漆面残留（图 2-231 ~ 图 2-233）。

2）驾驶室内仪表台总成、座椅等其他装饰件均过火烧损，铝质暖风水箱和蒸发箱过火后未全部熔化（图 2-234）。

3）发动机舱内的散热器、冷凝器过火后少量熔化或塌陷。橡胶和塑料件过火后全部烧损，进气歧管过火后几乎全部熔化。发动机缸盖内侧部分熔化，发动机缸体内侧中间位置产生一孔洞，孔洞大小约为 12cm × 25cm，从孔洞处观察可以发现有一连杆已经断裂（图 2-235 ~ 图 2-238）。

前部图 2-231　烧损车辆的前部

图 2-232　烧损车辆的侧面

图 2-233　烧损车辆的尾部

图 2-234　烧损车辆的驾驶室

图 2-235 烧损的发动机舱（1）

图 2-236 烧损的散热器

图 2-237 烧损的发动机舱（2）

图 2-238 破损的发动机缸体

【本案分析】

1）由于车辆全车过火烧损，两后轮铝合金轮圈过火后少许熔化或塌陷，两前轮铝合金轮圈过火后大部分熔化或塌陷，后保险杠骨架处尚有少量漆面残留。由此可以判定车辆着火是从前向后进行传播的。

2）驾驶室内的仪表台总成、座椅等装饰件均过火烧损，铝质的暖风水箱和蒸发箱过火后并未全部熔化，而发动机舱内的缸盖过火后产生了部分熔化现象。所以，驾驶室内的着火是被引燃的。

3）发动机舱内的散热器、冷凝器过火后少量熔化或塌陷。进气歧管过火后几乎全部熔化。发动机缸盖内侧部分熔化。根据驾驶人的描述，该车是在高速公路上行驶过程中发生起火燃烧的，所以车辆着火应该是首先从发动机舱内开始的。

4）发动机缸体内侧的中间位置被击打出一个孔洞，孔洞尺寸的大小约为 12cm×25cm，从孔洞处观察，可以发现有一连杆断裂。所以车辆着火应为车辆行驶过程中连杆突然断裂，在缸体上击打出一个孔洞，造成机油的外泄，外泄的机油落到炽热的排气管上之后，引起了火灾。

5）假如是汽车首先发生了火灾，则不可能在燃烧之后的发动机气缸体上造成这样的孔洞，更不会造成发动机内部的连杆断裂。

【本案结论】综合分析驾驶人的出险描述、现场勘验以及推理判断，本车的着火应为发动机连杆断裂造成机油泄漏引起的。

【本案启迪】车辆在运行过程中的任何油料泄漏，都有可能引起火灾，造成灾难。

案例 2-34 轮毂轴承破碎，所运新车及运输车损失超过百万元

【案情简介】一辆购买时间不足一年的半挂车，在运送刚出厂的 20 辆新轻型客车到 4S 店的途中，行驶至某高速公路的一处路段时，挂车突然起火燃烧。由于时值半夜，救火不及时，导致运输车辆自身以及所运送的轻型客车被完全烧毁，损失巨大，令人惋惜（图 2-239、图 2-240）。

在此案中，火灾事故的起因成为了车主、保险公司及厂方都十分关注的焦点。

图 2-239 损失惨重的半挂运输车

图 2-240 被烧损的运输的新车

图 2-241 车辆前部被烧得发黑的车轮

图 2-242 内侧观察制动鼓变色

图 2-243 拆下制动鼓比较颜色不同

图 2-244 车轮内的轴承滚柱已破碎

图 2-245 破碎了的轴承滚柱	图 2-246 损坏了的制动蹄及轴管

【本案分析】该案因车主、保险公司双方意见不一致而诉讼上了法庭，法院委托鉴定机构给予鉴定。鉴定人员发现：

1）牵引车左前轮轮胎花纹完整，左后转向轮有近半圈被烧损；右前轮有部分被烧损，右后轮橡胶轮胎基本被烧光。车前部四个车轮的金属轮圈均被烧的呈黑色（图 2-241），说明车辆烧损程度前轻后重，火焰为由后向前蔓延形成的。

2）发动机只有后部和顶部有轻度烧损，缸体呈黑色，驾驶室内全部过火。根据发动机烧损的程度，基本可以排除发动机自身原因起火的可能。全车亦未见有导线短路之处，因此，可以排除因电路短路和漏油造成起火的可能。

3）车辆的托盘全部过火，第三、第四轴（共四轴）两侧车轮的橡胶轮胎全部烧损，只剩钢丝。左侧两轮轮圈基本呈黑色，右侧两轮轮圈呈白色，说明过火程度严重。第四轴右轮对应的车架纵梁处及钢板弹簧呈粉红色，而第三轴右轮对应的车架纵梁及钢板弹簧处只有轻度呈粉红色。说明该车挂车的第四轴右轮存在首先起火可能。

4）拆检第四轴右侧车轮，发现制动鼓、制动蹄、制动底板、车桥套管、制动凸轮等机件均呈粉红色（图 2-242、图 2-243）。该轮的轮毂滚柱轴承已破碎，滚柱已失圆呈现各种不规则形状，轴承内外圈也已失圆变形（图 2-244 ~ 图 2-246）。说明是由于轴承损坏后使轮毂连同制动鼓向内倾斜，造成了行驶中制动鼓与制动蹄片之间相互摩擦并产生高温，炽热的制动鼓将热量传递给轮圈，轮圈又将橡胶轮胎引燃，从而形成火灾事故。

【本案结论】该车是由于行驶过程中，车辆第四轴右轮轮毂轴承损坏造成的火灾事故。

【本案启迪】挂车轴承破碎引发火灾已成为多发事故之一，究其原因有：

1）轴承质量原因。轴承的材料、强度和精度要求较高，非一般制造厂能够生产。

2）轴承安装的预紧度过松或者过紧。由于轮毂轴承多为滚柱形轴承，轴承安装的预紧度过松或过紧都会造成轴承破碎。

3）超载运输。为了使运输利益最大化，超载运输似乎是一个不错的选择，而不去考虑车辆的承受能力，岂不知利益的背后灾难说不定哪一刻就会突然降临。

4）缺少必要的维护。运输车辆的私有化，给车辆的强制维护和管理带来了不利影响。

对于车主来说，车辆维护既费时又费钱，还要增加运输成本；维修厂维护货运车辆费时费力，还得不到维护费。车辆的二级维护就成了简单的紧固润滑，没有了拆解检查和更换的内容。

5）查找轴承破碎引发的火灾原因的思路：首先按着火后的烧损程度大致确定火源发生在哪一个车轮，再找到呈粉红色的轮毂，拆下车轮检查轴承。

案例 2-35 制动蹄片因过薄而不回位，摩擦生热将车烧毁

【案情简介】某日，一辆半挂车行驶至济青高速公路 93km 处，挂车尾部突然冒烟起火，造成挂车受损，并烧毁了车上所载的全部货物。

图 2-247 高温变色的制动鼓

图 2-248 制动凸轮已达到最大位置

【本案分析】

1）挂车右侧第二轴车轮烧损最为严重，说明此处为燃烧中心。

2）第二轴右轮制动蹄片的工作表面有一部分变焦、变脆，制动鼓工作摩擦面变成了粉红色（图 2-247），与其他制动器的状况明显不同。这说明蹄片间隙太小或无间隙，制动蹄片与制动鼓之间因长期摩擦而形成高温，使得制动蹄片变焦。

3）在拆解挂车第二轴右轮的制动鼓时，发现十分艰难；拆开后发现其制动凸轮处于凸轮开启的最大位置。这说明制动蹄片已紧紧地与制动鼓靠在了一起（图 2-248）。

【本案结论】该半挂车的火灾，系因挂车第二轴右侧制动器蹄片不回位造成的。

【本案启迪】

1）制动蹄片不回位是引发载货汽车着火的常见原因之一，具体原因有制动蹄片过薄、复位弹簧弹力不足等。

2）由于重型载货汽车经常处于大负荷、长距离连续行驶的状况，有时还会遇到长距离连续下坡，制动器的使用较为频繁，制动器易出现高温，制动蹄片容易出现磨损变薄、硬化、脱落等现象。当制动蹄片薄到一定程度时，就需要给以更换。

3）复位弹簧弹力不足也是导致载货汽车起火燃烧的原因之一。在两个制动蹄之间有一个或多个复位弹簧，在制动气室处也有相应的复位弹簧，使用中很少有人去测量一下复位

弹簧的弹力是否还能够达到弹力要求，“只换蹄片不换复位弹簧”是汽车维修中经常出现的现象，这是一个修理的误区。

4）查明该类起火原因的要点需要先判断出起火的车轮，拆下制动鼓后会发现制动凸轮不回位。

案例 2-36 蹄鼓间隙过小或无间隙引燃的重型载货汽车焚烧案

【案情简介】某日，一辆重型载货汽车行驶至京珠高速某收费站附近时，发现后部轮胎起火，尽管进行了及时扑救，可大火还是导致该车连同货物一起被烧毁，损失金额高达60余万元。

由于该车车主是位下岗人员，靠借贷买的车，为了节省，又未购买车辆自燃损失险，状况甚是凄惨，坚持要求按照车辆损失险给予赔付，而保险公司则认定属于车辆自燃，无法按照车辆损失险给予赔付。结果双方产生了法律诉讼。

图 2-249 第二轴左侧轴头未出现高温变色

图 2-250 第二轴右侧车轮轴头出现高温变色

【本案分析】

1）该车驾驶室总成已烧损，驾驶室内仪表台及其他饰品均被烧光。

2）检查室内电路，没有发现存在电路短路的情况，所以火源不在驾驶室之内。发动机呈黑色，无严重过火的迹象。

3）对第一轴、第二轴左右两侧轮胎的烧损程度对比发现，第二轴右侧轮胎严重烧损，左侧轮毂及轮幅未发现变色现象（图 2-249）。拆检第二轴右侧的车轮，发现制动蹄片表面呈现焦糊状，轮辐、制动鼓及制动底板高温变色（图 2-250），说明在行驶中第二轴右侧车轮蹄、鼓之间产生高温引起轮胎起火燃烧。后经向驾驶人了解，该轮在着火前刚到汽车维修厂调整了制动间隙。

【本案结论】第二轴右侧车轮制动蹄片与制动鼓之间产生摩擦高温，引起轮胎起火燃烧。

【本案启迪】

1）在每年的汽车检测过程中，都会出现一些制动效果达不到要求的车辆。为解决这一问题，人们首先想到的方法就是调整制动蹄片与制动鼓之间的间隙。有的人因担心耽误验车通过的时间，只顾拼命地调整蹄鼓之间的间隙，不舍得拆检和更换相关的零部件。要知道，很多车辆不是靠调整蹄鼓之间的间隙能够达到制动要求的。

2）国家标准对车辆的二级维护要求是拆检车轮、检查制动系统，但由于利益驱使，某些维护厂只是进行简单的维护，根本不去拆检车轮，这也是载货汽车事故隐患得不到彻底解决的重要原因。

3）有的汽车维护厂家，在对车辆进行维护时，不将车轴支起调整制动间隙，造成制动蹄鼓之间无间隙，长途行车时导致制动蹄鼓之间出现高温甚至起火燃烧。这种看似省力省钱又挣钱的做法，实则潜伏着火灾的巨大隐患。

案例 2-37 车轮固定螺母松动造成斯太尔轮胎与钢板摩擦生热起火

【案情简介】一辆斯太尔牌重型载货汽车，夜间在公路上正常行驶时被追赶上来的车辆告知其车的尾部起火燃烧了。驾驶人立即靠近路边停车，并下车查看，发现中桥右侧处有火焰冒出，立即用棉被去灭火，未果。由于惧怕油箱爆炸，驾驶人便躲得远远的，眼睁睁地看着火苗由弱变强，由小变大。后经消防部门施救，才将火扑灭。

图 2-251 折断了的车轮轮辐

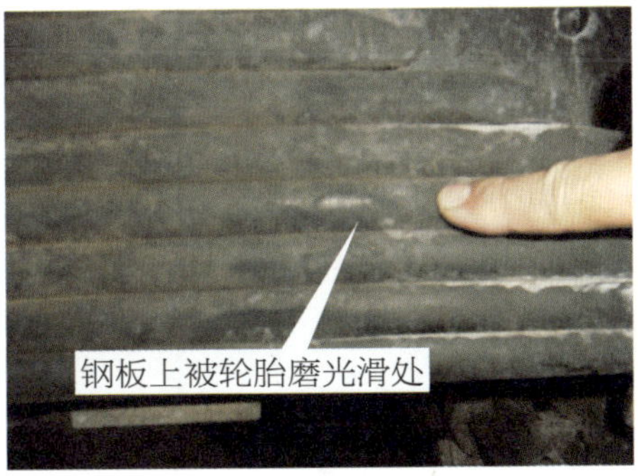

图 2-252 钢板上被轮胎磨得变为光滑

【本案分析】通过现场查勘，发现该车起火烧损之后有以下特征：

1）该车驾驶室已全部烧损，部分油电路烧损，右侧五条轮胎全部烧毁，一条轮胎和钢圈丢失，整车右侧从前向后有燃烧后的痕迹。

2）车厢所装载的货物为硬脂酸，货物有部分熔化。货物为密封袋装石蜡状物品，不易点燃。

3）第三轴右轮的外轮轮辋已经丢失，大部分的辐板也已脱落丢失，只剩少部分辐板仍在（图 2-251）。外轮所剩辐板和内轮所剩辐板的螺孔均已变为椭圆形孔，螺栓孔明显有与螺栓长时间撞击变形形成的痕迹。第三轴右轮的十个固定螺栓已断八个，未断的两个螺栓和提供的一个螺栓上均有磨损螺纹，螺母内侧面有挤压形成的痕迹。说明车轮行驶中紧固螺栓已松动。

4）第三轴右轮钢板弹簧从上往下数第六块钢板弹簧的前端向下到最下一块钢板部分，有轮胎与钢板摩擦过的光滑痕迹（图 2-252）。此处正位于内侧橡胶轮胎的内侧面最凸出位置。说明由于第三轴右轮的固定螺母松动，致使外侧轮的辐板折断脱落，形成内轮内倾，造成内轮橡胶轮胎的凸出部位与钢板弹簧摩擦高温起火，以至于引燃电缆传至车辆的其他部位。

【本案结论】该车的起火原因是由于第三轴右轮的固定螺母松动造成的。

【本案启迪】紧固螺母不得松动是汽车使用时的基本常识，也是车辆维护不可缺少的项目，不可只采用观察法，要用工具检查并确定其真正达到紧固可靠的程度。

案例 2-38 车轮外移摩擦引燃轮胎的豪沃载重车

【案情简要】报案称，一辆车龄只有 1 年的中国重汽生产的豪沃载重车，于 5 月 14 日行驶在一条县乡道路上时，因躲避对面来车而掉进了路边的沟内，造成本车前部受损，车辆起火燃烧。

保险公司在查勘该车的事故现场时，发现出险的车辆并未倾覆（图 2-253），路面有比较明显的轮胎制动拖印（图 2-254），经询问驾驶人得知出险之前的车速大约为 70km/h（图 2-255），感觉该车不可能在这种情况下起火燃烧，在某种程度上存在道德风险的嫌疑，便向警方报案，要求侦查查处。警方通过采取对驾驶人进行询问等侦查手段，但没有获得多少有价值的信息，便退回保险公司自行处理。保险公司于是委托鉴定机构进行技术鉴定。

鉴定人员查勘发现以下信息：

1）查勘时，该车已拖离着火现场，保险公司所提供的现场照片反映，该车位于道路右侧边沿位置，该车右后轮制动鼓及半轴已与车桥脱离，轮胎烧损（图 2-256）。

2）该车牵引车前部基本无过火痕迹，驾驶室右后侧表面受烘烤后变黑，上部导流板烧损，发动机舱内基本无过火痕迹（图 2-257）。

3）位于驾驶室右后侧的蓄电池烧损，检查整车线束，未见短路烧结现象。

4）牵引车两驱动桥左右八条轮胎全部烧损，其中后驱动桥右侧轮胎烧损最为严重，内侧轮胎全部烧净，只剩部分钢丝，其余轮胎均在过火后存有不同程度的残留，前驱动桥左侧轮胎烧损最轻（图 2-258）。

5）右后轮车轮、轴头及制动鼓与车桥之间相对外移约 15cm（图 2-259），制动蹄外露，制动蹄片摩擦表面严重高温炭化，制动鼓高温变色，其他车轮未见异常（图 2-260）。

6）挂车前部受烘烤后变色，其他位置未见过火痕迹。

图 2-253 事故现场并未倾覆的豪沃载重车

图 2-254 路面的制动拖印

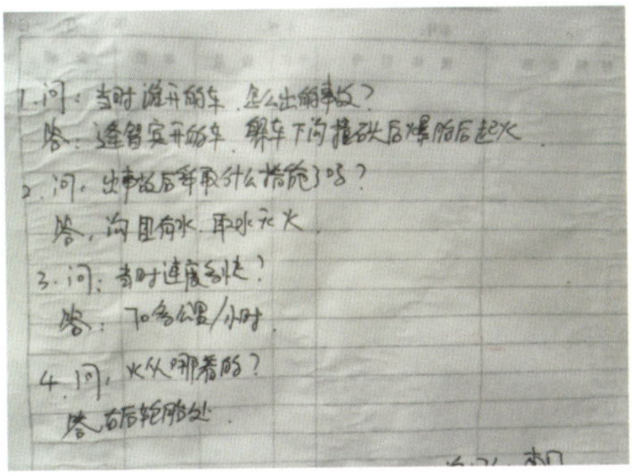

1.问：当时谁开的车，怎么出的事故？
答：逄留宾开的车，躲车下沟撞树后爆胎后起火。
2.问：出事故后采取什么措施了吗？
答：沟里有水，取水灭火。
3.问：当时速度多快？
答：70多公里/小时。
4.问：火从哪着的？
答：右后轮胎处。

图 2-255 对驾驶人的询问笔录

图 2-256 右后轮制动鼓及半轴已与车桥脱离

图 2-257 基本无过火痕迹的车辆前部

图 2-258 牵引车两驱动桥的左右八条轮胎全部烧损

图 2-259 右后轮车轮、轴头及制动鼓与车桥之间相对外移约 15cm

图 2-260 高温变色的制动鼓

【本案分析】

1）根据整车过火状态，其驾驶室及发动机舱内基本未见过火痕迹，可以排除是因燃油及其他油类泄漏造成的此次着火事故。

2）位于驾驶室左后侧的蓄电池烧损，检查全车线束未见短路烧结现象，可以排除是因电路故障造成的此次着火事故。

3）牵引车两驱动桥左右八条轮胎全部有过火痕迹，其中后驱动桥右侧轮胎烧损最为严重，内侧轮胎全部烧净，只剩余部分钢丝，其余轮胎均在过火后存有不同程度的残留，前驱动桥左侧轮胎烧损最轻。以上状态说明此次着火事故起火点应位于牵引车后驱动桥右侧车轮位置。

4）根据对车辆起火点位置的检查，发现右后车轮、轴头及制动鼓与车桥之间相对外移约 15cm，制动蹄片外露，制动蹄片摩擦表面严重高温炭化，制动鼓高温变色；据提供的现场照片反映，在事故现场，该车轮与车桥已完全脱离。以上状况说明，该车在行驶过程中，后驱动桥右侧车轮锁止装置出现了故障，导致车轮外移，使制动鼓与制动蹄片之间形成不正常的长期接触摩擦并产生高温，达到橡胶轮胎的自燃温度，使轮胎起火，造成此次着火事故。

【本案结论】综合现场照片、勘验及以上分析：该车着火事故是因牵引车后驱动桥右侧车轮的锁止装置发生机械故障造成的。

【本案启迪】

1）对于车辆的行驶系统，车主应该勤于检查。一旦发现有破损迹象要及时给以更换，轮胎气压要达到国标和制造厂的要求，行驶中如出现行驶无力、车轮摇摆、制动跑偏等不正常的现象时，要立即查明原因进行维修。

2）查明该类起火原因的要点：先按烧损程度判断起火的大致位置；再检查该位置车桥的车轮制动鼓变色情况；若发现左右两侧制动鼓均为淡红色，可视情拆检制动鼓；如果拆检之后发现某侧制动鼓的位置不在其应该所在的正常位置，可以判定为车轮事先发生了故障。

案例 2-39 制动鼓与摩擦片产生摩擦高温将轮胎引燃的豪沃载重车

【案情简要】报案称，一辆车龄约 2.5 年的中国重汽生产的豪沃载重车，于 9 月 30 日行驶在一条县乡道路上时，驾驶人因打算在路边买点水果，便轻踩制动踏板，将车停放在路边，下车挑选水果。过了一会儿，发现车的前下部开始起火，虽经扑救，还是导致了车辆的受损。

现场查勘发现：

1）该车牵引车从前部至第二轴位置全部过火。汽车的前脸、前保险杠、前灯光组件、车窗玻璃、驾驶室漆面烧无或熔化，中冷器、散热器和冷凝器表面过火未熔化（图 2-261）。

2）该车的驾驶室仪表台、座椅、操纵机件、内饰及所有易燃件全部过火，经查驾驶室内所有电路，未发现有短路烧结电路（图 2-262、图 2-263）。

3）第二轴轮胎右轮烧损，左轮轮胎表面轻度被烧。左前轮橡胶轮胎残骸仍存在，只是表面轻度过火，但右前轮轮胎整个周围除有少部分保留外，大部分轮胎钢丝裸露（图 2-264、图 2-265）。

4）经折检右前轮，发现制动鼓、制动底盘、制动蹄均呈粉红色（图 2-266）。

5）车架右纵梁前段、右前钢板弹簧、右前制动器轮缸被烧呈淡黄色或粉红色，发动机右侧喷油泵、气门室盖及进气管被烧呈粉红色但均未熔化，发动机缸体下部过火较轻（图 2-267）。

6）蓄电池上部、储气筒、燃油箱等机件有不同程度的烧损；挂车基本未过火烧损（图 2-268）。

图 2-261 烧损之后的豪沃前部

图 2-262 烧损之后的豪沃驾驶室

图 2-263 驾驶室内未发现有短路烧结的电路

图 2-264 右前轮轮胎大部分钢丝裸露

图 2-265 钢丝裸露的右前轮轮胎

图 2-266 右前轮内呈粉红色

图 2-267 烧损程度不重的发动机

图 2-268 基本未过火烧损的挂车

【本案分析】

1）该车驾驶室内的仪表台、座椅、操纵件内饰及所有易燃件均过火，经检查所有的电路均未发现有短路烧结点，发动机顶部气门室盖并未熔化，另外该车是制动后起火，驾驶人亦未发现驾驶室内有起火异常，可以排除驾驶室内起火的可能。

2）驾驶室内所有易燃件及前脸、前保险杠、灯光组件等均为被引燃所致。

3）发动机喷油泵、气门室盖、进气管均为铝质件，表面呈粉红色，但并未熔化，说明该处没有大量的燃油参与燃烧。

4）牵引车中部机件蓄电池上部、制动储气筒、燃油箱及部分管路和电路均烧损较轻，只是表面过火，应为前部火焰蔓延传播造成，亦不具备起火条件。

5）车架右纵梁前段、右前钢板弹簧、右前轮制动轮缸均被烧呈淡黄色或粉红色，烧损较重，而左侧纵梁及钢板弹簧烧损程度较轻，左前制动轮缸几乎未变色，说明火源应在车辆的右侧。

6）经拆检右前轮，发现制动底板、制动蹄片、制动鼓均呈粉色，说明有高温产生。右前轮胎烧损最为严重，除极少部分未烧外，绝大部分钢丝裸露，也说明该轮应为起火点。

【本案结论】该车的起火燃烧事故是由于车辆的右前轮制动鼓与摩擦片之间产生摩擦，导致高温而将轮胎引燃造成的起火事故。

【本案启迪】

1）载重车的制动鼓与摩擦片，在重载甚至是超载的情况下长时间运行，由于可能遭遇下长坡等路段，就需要频繁使用制动器，从而诱发事故的发生。

2）载重车的维护应该及时进行，特别对于需要出长途或者需要走山路的车辆，更应该进行及时维护，不能掉以轻心。

案例 2-40 假冒车轴质量低劣造成的火灾

【案情简介】2008 年 8 月的一个晚上，一辆拖带挂车的载货汽车行驶到一路段时，发现挂车的后轮突然起火，将车辆烧毁，载运的西瓜也被烧烤成了烂瓜泥。

检查发现：钢板螺栓被磨断（图 2-269），制动蹄有被高温烧灼的痕迹（图 2-270）。该挂车购买时间不足 1 年，在购买挂车时车主要求选用“富华牌”车轴。汽车着火后，广东富华工程机械制造有限公司派技术人员勘察了车轴，一口咬定车轴不是本企业生产的“富华”牌产品。挂车制造厂、假车轴制造厂之间互相推诿，并反咬属于车主使用不当所致，车主只好起诉至法院。

图 2-269 钢板螺栓被磨断

图 2-270 有高温烧灼的制动蹄

图 2-271 无任何标志的送检轴管

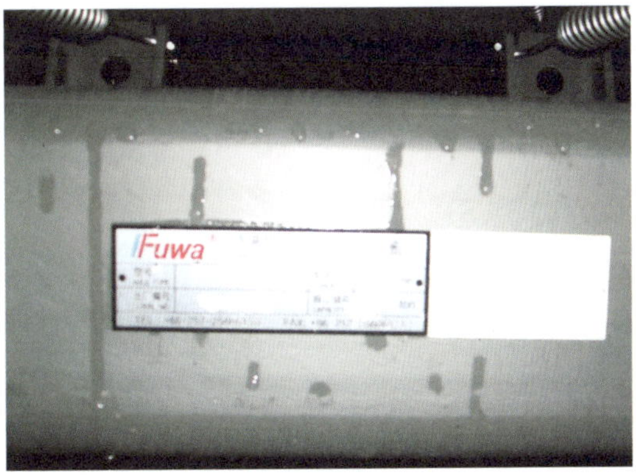

图 2-272 有铭牌、合格证的正品车轴

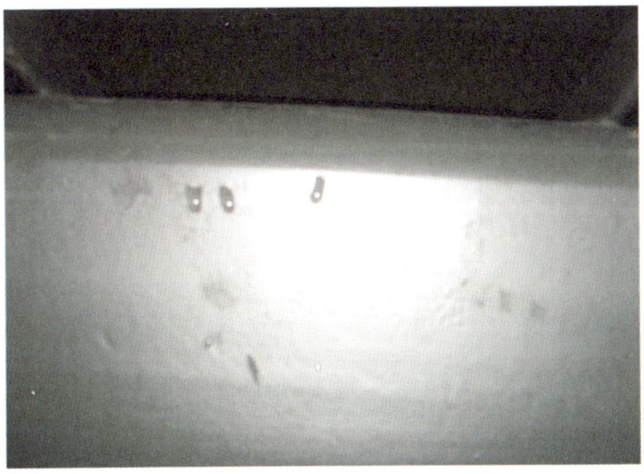

图 2-273 有钢印编号的正品车轴

图 2-274 经比较，轴盖有差别

【本案分析】本案涉及两个方面问题的认定。

1. 涉案车轴是否属于“富华”牌产品

1）经对涉案的车轴与广东富华工程机械制造有限公司生产的“富华”牌车轴进行比对验证，发现正品的“富华”牌车轴有铭牌、合格证、钢印号及防伪编码，而送鉴件的车轴管这些标志却没有（图 2-271 ~ 图 2-273）。

2）送鉴件的制动臂上无“FUWA”标志及铸造型号，而“富华”正品制造件有标志及铸造型号。

3）富华制造的轴头上有“FUWA”、“HJ”及“3601R1”标志，而送鉴的轴头没有，轴头分别标为“3601R”或“3601.R”，且字体大小粗细不均匀一致。

4）送鉴的轴承标记为“WLZ HM518445”，据广东富华工程机械制造有限公司所提供的资料上未见有“WLZ”标志。

5）将送鉴的轴端盖与富华轴端盖比较，尺寸、标志均与富华轴端盖不同（图 2-274）。

根据以上事实，完全可以证明该挂车的车轴并非广东富华工程机械制造有限公司所生产的产品。

2. 起火原因与产品质量之间的关系

1）挂车货厢右侧的栏板烧损面积及程度较左侧严重，车架右纵梁烧损程度也比左侧严重，说明起火点在挂车的右侧。

2）挂车第三轴右侧制动鼓及轴承已破碎，丢失在现场，第三轴右侧套管上轴承安装位置有严重磨损痕迹，第三轴右轮处的钢板弹簧骑马螺栓及 U 形夹子被轮圈磨断或严重磨损，均说明着火前轴承已破碎。

3）轮毂轴承破碎造成制动蹄片与制动鼓在行驶过程中产生摩擦并导致高温，进而引起轮胎起火，之后蔓延至其他轮胎和货厢等部位。

【本案结论】该车着火原因是由于车轴质量问题引起的。

【本案启示】一辆挂车是由多个总成组装而成的，如车架、车桥、车厢、车轮、牵引连接盘等。而各个总成又由不同厂家生产，一个总成也可能是由多个部件分厂生产的，如车桥总成是由桥壳、制动蹄片、轴承、螺母等多个分厂生产的。出现因轴承破碎引起的着火事故，司法诉讼时要按以下流程进行：

起诉销售商—销售商追责挂车厂—挂车厂追责假车桥厂—假车桥厂追责轴承厂。

在此过程中，涉案各方都会找出种种理由推诿抵赖，谁也不会轻易认输，可能会陷入一场马拉松式的诉讼官司。

作为购买挂车的消费者，也不是长了一双慧眼，能把假产品的真面目看个真真切切、清清楚楚，所以受害的往往是消费者。买车方不要只图便宜，要多作比较。在签订购车合同时，要看清条文，把对挂车的要求甚至是总成的要求都写进去，一旦出现假冒伪劣件的处理办法也写清楚。货运车还要尽可能买全保险，以使损失降到最低。

第七节　烘烤导致的起火

汽车是一种可以四处行走的交通工具，不仅其经过的路段，而且其停放的地点也可能会受到众多客观因素的影响，难以避免接触到易燃的物品。在众多易燃物品中，最为常见的就是荒芜地带的野草或者农民置放于公路旁边，有意让过往车辆进行碾压的各种秸秆（图2–275），这些都属于易燃物品。

图 2–275　铺满秸秆的公路

众所周知，纸、棉、麻、干枯的野草以及秸秆的燃点为 130 ~ 250℃，而木材的燃点为 250 ~ 300℃（蓬松的纤维状态比致密状态更容易起火）。这些材料一般是不会自行起火的，只有在火源的作用下才能达到燃烧的温度，从而引发起火。

发动机工作时，如果是在全速、全负荷的状态，排气管温度一般可以达到 600~800℃（视车型不同而有所差异）。程度严重时，甚至可以凭肉眼观察到排气管呈淡红色的炽热状态。金属材料的表面加热时，其颜色变化所对应的温度区间见表 2–1。

表 2–1 金属材料表面温度与对应颜色

金属材料表面温度 /℃	金属材料表面呈现的颜色
520~580	暗褐色
580~650	暗红色
650~750	暗樱红色
750~780	淡樱红色
780~800	淡樱红色
800~830	淡红色
830~850	橘黄微红
850~1050	淡桔色
1050~1150	黄色
1150~1250	淡黄色
1250~1300	黄白色
1300~1350	亮白色

由于现代汽车的排气管上一般都装有三元催化转化器。该装置因直接作为废气排出的通道而温度很高，且在大多数轿车上位置较低，而野草、秸秆的自燃温度又较低，考虑到汽车的最小离地间隙都较小（轿车满载时的最小离地间隙在 100~140mm，如 POLO 为 100mm，奥迪 A6、雅阁为 115mm，致胜为 120mm，捷达为 137mm；SUV 的最小离地间隙一般在 180~250mm，如兰德酷路泽为 220mm），假如汽车停在了草地之上，或者汽车行驶于布满秸秆的路段，将秸

秆不慎缠绕在了排气管附近的车轴上，三元催化转化器就很容易将野草或者秸秆烘烤而着火（图2-276）。

图2-276 在田间路段被秸秆烘烤起火烧损的商务车

另外，在我国西部地区的广大农村，有很多用于烧水、煮饭的太阳罩（图2-277），它们直接接受阳光的照射而积聚热量，并且太阳罩聚焦热量的光线角度经常会被用户随着阳光照射角度的变化而进行调节，以满足太阳罩聚光的需要。如果汽车用户将自己的汽车停放在太阳罩附近且所处地势低洼的话，恰好被调整角度之后的太阳罩所反射的光线照到了易燃的保险杠等处，就有可能引起汽车的起火燃烧（图2-278）。

因为发动机排气管高温烘烤易燃物或者是被太阳罩照射而引起的火灾，起码会导致汽车的部分烧损，严重时有可能将汽车完全烧毁。由于这种情形所造成的车辆损失，基本不会给他人的财产造成太大损失，一般只会给车主自己的车辆造成损坏，因此，在保险理赔时只会涉及标的车自身的车辆损失险赔偿范畴。

对于车辆损失险来说，火灾属于保险责任。这种火灾的发生，既不属于被保险人本人的故意行为，也基本无法找到损失事故的责任方，所以，一般需要由保险公司给予被保险人以损失赔付。

图2-277 烧水、煮饭用的太阳罩

图2-278 被太阳罩照射烘烤起火的出租车

案例2-41 驶入路边沟内烘烤麦秸起火的本田雅阁轿车

【案情简介】报案称，一辆车龄3年的广州本田雅阁，于6月10日在华东某地的村级道路行驶时，为躲避一辆摩托车，不慎滑到沟里，起火燃烧（图2-279）。

通过对事故现场及烧损车辆的勘验得知：

1）由事故现场照片可见，车辆后端行驶过的路面上铺满麦秸，车周围有大量的麦秸灰，车右半部进入路边沟内，车左半部在沟沿上，车底部有大量的麦秸灰（图2-280）。

2）该车除后保险杠、行李舱盖、左右后翼子板、后轮外全部过火燃烧，前保险杠、前照灯、倒车镜等外部塑料件已烧无（图 2–281）。过火表面漆面烧毁，铁皮裸露，两前轮胎烧毁、铝轮圈内侧被烧熔化（图 2–282）。

3）发动机舱内的塑料件、橡胶件等全部烧毁，发动机周围的铝质部件发电机、空调压缩机、制动主缸、ABS 泵等部分烧化并脱落（图 2–283）。进气歧管部分熔化并脱落，排气歧管周围的纵梁及元宝梁上有麦秸灰及未烧净的麦秸。发动机周围的电缆线绝缘层烧毁，铜芯裸露，没有搭铁短路形成的烧结和熔珠。

4）驾驶室内塑料件、橡胶件、仪表台、内饰、座椅等全部烧毁，电缆线绝缘层烧净，铜芯裸露（图 2–284），但无搭铁短路而造成的烧结和熔珠。仪表台电缆线被烧成碎段（图 2–285）。

5）车辆底部粘附有麦秸灰和未烧完的麦秸，元宝梁、加强筋有划痕，底板右部粘有泥污，底板左部被烧发白，排气管表面粘附麦秸灰（图 2–286）。车辆供油管路及周围无强烈燃烧痕迹。

图 2–279　路边沟内起火燃烧的雅阁

图 2–280　雅阁起火现场

图 2–281　前部烧损严重的雅阁

图 2–282　烧损的轮胎、轮圈

图 2-283 烧损后的发动机舱

图 2-284 烧损后的驾驶室

图 2-285 烧成碎段的仪表台线束

图 2-286 被烧发白，粘附有麦秸灰的排气管

【本案分析】

1）该车前部及中部着火严重，前部塑料件如保险杠、前照灯、倒车镜等外部塑料件已烧无，两前轮胎烧毁、铝轮圈内侧被烧熔化。发动机舱内的塑料件、橡胶件等全部烧毁，发动机周围铝质附件部分被烧熔化，进气歧管部分熔化并脱落，驾驶室内塑料件、橡胶件、座椅等全部烧毁。这说明该车着火中心集中在中前部。

2）发动机周围及驾驶室内部的电缆线绝缘层烧毁，铜芯裸露，但没有因搭铁短路而形成的烧结和熔珠，因此该车起火排除因电缆线搭铁短路而起火的可能。

3）排气歧管周围、纵梁及元宝梁上有麦秸灰及未烧净的麦秸，车辆底部粘附有麦秸灰和未烧完的麦秸，底板右部粘有泥污，底板左部被烧发白。事故现场照片显示该车周围及底部有大量的麦秸灰。车辆行驶过的路面上铺满麦秸。车辆在铺满麦秸的道路上行驶，麦秸会不断在发动机底部及排气管周围积聚，说明着火前车辆底部就有大量的麦秸，在驶入路边右侧的沟坡停车后，发动机底部及排气管压在麦秸上，在排气管的烘烤下起火燃烧。麦秸起火后引燃了车前部及中部的易燃物。

4）车辆是在冲向右边沟中着火的，左侧在沟沿上，火往上烧所以左侧被烧发白。右侧在沟底，灭火后的水存留沟中，因此沟中有泥，所以车底板右侧粘附有泥土。车辆仍粘有未烧的麦秸是因为车底紧压在麦秸上，缺乏空气所致。

【本案结论】该车起火原因是车辆驶入路边沟中之后，无法及时驶出，炽热的排气管将麦秸烘烤，导致起火烧损。

【本案启迪】无论何种缘故，只要汽车失去行驶能力，而车下又有易燃的物品，炽热的排气管就很容易烘烤其起火，从而导致烧损汽车。不过，这种起火燃烧的速度，视车底秸秆或野草数量多寡以及干湿程度而有所不同，但都不会十分迅猛。当驾驶人发现车辆无法行驶而车底又有易燃物品时，应该及时下车，用水或灭火器做好灭火的准备。

案例 2-42 饭店门口起火燃烧的丰田凯美瑞轿车

【案情简介】驾驶人报案描述：一辆车龄只有 11 个月的丰田凯美瑞轿车，于 10 月 18 日 13:00 左右停在路边饭店门口进去吃饭。在点菜期间，外面有人喊车着火了，驾驶人冲出饭店，见火势已大，无法自行施救，便打电话报火警。但最终还是将车完全烧毁（图 2-287），而且引燃了旁边停放的一辆拖拉机（图 2-288）。

经对事故现场及烧损的车龄勘验，发现以下情况：

1）根据事故现场的照片，事故车辆的周围及车下有大量燃烧和未完全燃烧的玉米皮和秸秆，在车辆周围的玉米皮被烧过的面积较大（图 2-289），车辆右侧不远处有一辆拖拉机被部分烧损。

2）车辆全部严重过火，全车玻璃熔化，整车车身、车门、灯光组件全部烧毁，四条轮胎烧无，右后轮轮毂熔化，只剩轮辐部分，另外三个轮圈内侧熔化（图 2-290）。

3）车内仪表台、座椅、转向盘、内饰件等全部严重烧毁，仪表台线束裸露，仪表台上部有多根线束整齐被烧熔化粘在一起（图 2-291）。

4）发动机舱内机件全部过火。蓄电池、制动主缸被烧毁，发动机气门室顶盖被烧熔化，发动机右侧（整车后侧）进气歧管熔化（图 2-292、图 2-293），转向助力器推杆、半轴等有严重被烧痕迹。

5）车底自油箱向后有发白痕迹，左侧燃油管路完整，自前向后没有漏油形成的发散状燃烧痕迹。排气管前端及周围底板颜色发白，前桥托架两端固定处上仍粘有烧过的玉米皮灰烬（图 2-294）。

图 2-287 烧损的凯美瑞

图 2-288 引燃的拖拉机

图 2-289 事故现场

图 2-290 烧损严重的凯美瑞

图 2-291 烧损严重的驾驶舱

图 2-292 烧损严重的发动机舱

图 2-293 裸露出来的凸轮轴

图 2-294 车底状况

【本案分析】

1）火灾事故发生时，车辆处在停驶状态，大多数元件已停止工作，燃油管路油压较低，未发现油路漏油烧过的痕迹。驾驶室内仪表台上部线束有多根整齐被烧熔化，这是由于高温被烧形成的。停车时此处已无电，因此可以排除油电路原因引起的着火。

2）停车后在短时间内（在点菜期间）着火，从底部燃烧痕迹分析应为玉米皮被排气管高温烘烤而引燃，后传至发动机及其他部位。因车辆经过一定时间行驶停放后，发动机舱、排气管部位周围的温度较行驶时高些。

【本案结论】该车起火原因系排气管的炽热高温将玉米皮烘烤而引起的。

【本案启迪】当需要停车时，驾驶人一定要观察好车底及车体附近是否有易燃物品，千万不能将车停在易燃物上，否则，不仅车辆自身造成的损失可能是很严重的，而且可能会危及四周。

案例 2-43 压上玉米秸秆，烘烤起火的雪佛兰赛欧轿车

【案情简介】据驾驶人描述，一辆有 4 年车龄的雪佛兰赛欧轿车，于 2 月 25 日 15 时左右，在异地的北方某城市一村庄内掉头时，因轧上草堆，路滑撞在墙上，倒车未果，驾驶人下车打算找车拖车时，发现车已起火（由发动机下面先着起来），后找人施救并向 119 报警，将火扑灭，结果还是导致了较为严重的车损。

经对涉火赛欧车辆以及事故现场的勘验，基本情况如下：

1）该车前部烧损较重，后部未见燃烧痕迹，后部漆面、轮胎、保险杠、灯光组件等完好（图 2-295、图 2-296）。

2）该车前部的灯光组件、前保险杠、前脸等全部烧损，前轮胎受烘烤，右侧轮胎无气压，部分炭化，左右翼子板、发动机舱盖等漆面全部烧损（图 2-297）。

3）发动机舱内的橡胶及塑料件部分烧损，胶质的空滤器总成、进气歧管、高压线等熔化，散热器胶管较完整，铝质件几乎未见烧损熔化，机舱内线束外表皮烧损，经检查未见短路烧结的痕迹（图 2-298）。

4）驾驶室内主驾驶室座椅下部烧损严重，上部座套烧损，左前座椅下底板一加工工艺孔上的橡胶塞烧净（图 2-299），右前门内饰、转向盘及右前位置内饰等烧损，室内其他位置只是受轻微烘烤及烟熏，未见烧损痕迹。

5）现场照片反映，车辆停陷的位置车头底部的地面上有大量燃烧后的玉米秸灰，右前轮已部分烧损（图 2-300）。

6）该车底部、底盘表面及排气管有明显高温过火燃烧的痕迹，底部燃油管路完好，未见碰撞摩擦后的损伤痕迹（图 2-301、图 2-302）。

图 2-295 赛欧烧损的事故现场（车前部）

图 2-296 赛欧烧损的事故现场（车后部）

图 2-297 赛欧烧损的事故现场（车左前侧）

图 2-298 烧损后的赛欧发动机舱

图 2-299 烧损后的赛欧驾驶座

图 2-300 赛欧烧损的事故现场（车右前侧）

图 2-301 夹杂了玉米秸秆的赛欧发动机底部

图 2-302 未见碰撞痕迹的赛欧发动机底部

【本案分析】

1）根据该车整车燃烧后的状态，以及车后部未见燃烧痕迹，后部漆面、轮胎、保险杠、灯光组件等完好，前部灯光组件、保险杠、前脸等全部烧损，说明着火点位于车的前部。对车辆前部的线束检查未见短路烧结现象，可以排除是因电路短路造成的此次着火事故。

2）发动机舱内整体燃烧强度较轻，橡胶及塑料件部分烧损，散热器及胶管完整，铝质机件几乎未见烧损及熔化，车底部燃油管路完好，未见碰撞摩擦后的损伤痕迹，可以排除是因燃油泄漏造成的此次着火事故。

3）驾驶室内主驾驶座椅下部烧损严重，上部座套烧损，座椅下底板上一加工工艺孔上的橡胶塞烧净，左前门内饰、转向盘及右前位置内部等烧损，室内其他位置只是受轻微烘烤，未见燃烧痕迹。说明驾驶室内的燃烧是通过左前座椅下的底板加工工艺孔进入驾驶室的，因此可以断定此次着火事故起火部位应位于车前位置的底部。

4）根据对车底部的勘验，表面及排气管有明显高温过火燃烧的痕迹，现场照片反映车辆停放位置的车头底部地面上有大量燃烧后的玉米秸秆，说明该车在进入玉米秸秆堆停陷后，车头底部与玉米秸堆相接触，在倒车过程中，由于右侧驱动轮打滑，致使发动机高速运转，车体在静止状态下，发动机排气管无法得到有效散热，使温度急剧升高，烘烤引燃玉米秸秆后造成此次着火事故。

【本案结论】该车着火事故是因车辆停陷后，在倒车过程中排气管烘烤引燃了玉米秸秆造成的。

【本案启迪】在车辆驾驶过程中，遇到成堆堆积的秸秆或密集的野草时，应该谨慎驾驶，不要让车轮因碾压上了秸秆打滑而无法驶出，使得车辆较长时间在秸秆或草堆之上停放，导致高温的发动机排气管烘烤起火引燃了整车。

案例 2-44 碰撞燃气阀门导致起火的威志出租车

【案情简介】驾驶人描述，他驾驶车龄不足 1 年的威志牌出租车，于 7 月 8 日 8:30 左右在某省会城市的繁华地段行驶，行至一段施工路段的地面燃气井处时发生火灾事故。

勘验事故现场及烧损的车辆得知：

1）事故现场为城市较为繁华的地带，现场道路处于施工状态，路面凹凸不平，沿线铺设有燃气管道，施工地带无道路交通标志、标线（图 2-303）。

2）燃气井内管道阀门的连接螺钉处断裂，并有被碰撞过的痕迹（图 2-304、图 2-305）。

3）车身烧损严重，驾驶室及内饰、座椅等全部过火燃烧；整车玻璃破碎脱落（图 2-306）。

4）前后保险杠及整车灯具均已烧毁；四条轮胎烧毁；车身前部左下角凹陷变形（图 2-307）。

5）发动机舱内易燃零部件，如橡胶制品、管线等全部过火烧毁，制动主缸、气门室盖、进气歧管等铝质合金制品或过火变黑色或没过火，没有发现有过火熔化迹象（图 2-308）。

6）点火线圈过火后仅表面变形损坏，全车电缆线束过火后绝缘层损坏、线芯裸露，没有发现有熔珠或烧结点（图 2-309）。

7）发动机上表面过火较轻，燃油供给管路及燃油分配器、喷油器部件周围过火程度较轻，蓄电池、散热器、空调冷凝器、冷却风扇等全部过火损坏（图 2-303、图 2-310）。

图 2-303 事发路段概貌

图 2-304 被碰撞断裂的阀门连接螺钉

图 2-305 更换了的新阀门

图 2-306 烧损严重的车身

图 2-307 烧损的轮胎

图 2-308 烧损车辆的线束

图 2-309 烧损严重的发动机舱（1）

图 2-310 烧损严重的发动机舱（2）

【本案分析】

1）根据轿车及阀门的损坏情况可知：轿车车身前部左下角凹陷变形，阀门连接螺钉处断裂，阀门上方有碰撞痕迹，应该是轿车在行驶过程中碰断了阀门连接螺钉。

2）由事故现场路旁的监控录像可知本次事故的形成过程为：事故发生前，轿车沿现场道路右转弯，行驶至事故地点处时轿车停顿一下，然后车身后方喷出黑色气状物质，进而车身开始起火。当时燃气井处于轿车前部下方。

3）通过对过火后全车电缆线束的检验，电线仅绝缘层损坏、线芯裸露，没有发现有熔珠或烧结点，说明车辆火灾不是因车辆本身电路短路或过载引起。

4）通过对发动机舱内部燃烧情况检验，发现其上表面有过火迹象，燃油供给管路、天然气分配器、调压阀部件周围过火程度较轻以及制动主缸、气门室盖、进气歧管等铝质合金制品或过火变黑色或没过火，没有发现有过火熔化迹象。说明发动机舱内过火轻、燃烧温度低（应在 650℃以下）。

5）根据阀门连接螺钉处断裂情况，可推断被撞击损坏时燃气首先由燃气井阀门向车辆后方以一定压力喷漏（印证了事故现场录像中记录的车身后方喷出黑色气状物质以及车辆底部及周围充满较高浓度的天然气）。

6）事故现场录像记录了“车辆行驶至事故地点处停顿了一下”，可推定车辆或熄火或在正常行驶中遇到额外阻力造成停顿。假如是因熄火造成的停顿，重新起动时因起动机工作时电刷会产生火花，从而点燃了燃气；即使车辆不是因熄火造成的停顿，在其正常行驶时发电机的电刷同样会产生火花点燃天然气。

【本案结论】威志出租车在行驶过程中，碰断了施工工地的阀门连接螺钉，造成天然气大量泄漏，而正在工作的汽车发电机或起动机所产生的电火花点燃了泄漏出来的燃气，导致全车烧损。由于本案中的驾驶人没有故意行为，事故发生属于偶然，因此，不仅车辆的烧损需要由保险公司予以赔付，而且所造成的天然气管道损坏以及燃气泄漏也需要由交强险、第三者责任险给予赔付。

【本案启迪】车辆行驶过程中，遇到施工地带时应该尽量绕行，以免车辆因拖底而损坏，或者碰撞了施工现场的设施，或者如同本案一样造成车辆的全部烧损。

案例 2-45 路面麦秸进入发动机底部，被排气管烘烤引起起火的五菱牌轻型客车

【案情简介】报案称，一辆登记注册5年零1个月的五菱牌轻型客车，在6月15日15:00左右路过山东聊城某路段铺满麦秸的道路后，又行驶了一段时间，感觉到车辆塞入了麦秸，在下车清理时，发现麦秸起火，马上用灭火器施救，未果。后经119施救，才把火扑灭，但车辆已被完全烧毁。

经对涉火车辆现场勘验，基本情况如下：

1）火灾现场道路上，呈现约占道路1/3宽度的麦秸带，全车过火强度呈前重后轻状（图2-311、图2-312）。

2）驾驶座下周围附有一定量的麦秸。

3）前后保险杠、灯光组件、所有玻璃等全部被烧毁；右前翼子板过火后部分呈白色（图2-313），右前轮铝合金钢圈过火后部分熔化；后轴的左右两个车轮过火较轻，后桥、备胎只是靠前方的位置受火烘烤（图2-314）；变速器外壳及传动系统零部件过火较轻；驾驶室内仪表及仪表台、座椅、内饰等全部过火烧毁。

4）发动机舱内橡胶管路、高压线、蓄电池、空气滤清器及其外壳等易燃部件全部过火（图2-315），发电机外壳过火后或塌陷或熔化，冷却风扇、橡胶带、发动机支承胶垫全部烧毁，发动机油底壳外壳油漆涂层过火后呈锈色，进气歧管大部、气门室盖过火较轻，图2-316）。

5）在车辆VIN代码标注处附有一定量的麦秸（图2-317），车辆左右前悬架部位粘附有一定的草木灰，发动机周围有少许麦秸。

6）全车电缆过火后线芯裸露，铺设整齐，但没发现熔珠和烧结点现象（图2-318）。

图2-311 五菱火灾现场（正前方）

图2-312 五菱火灾现场（侧后方）

图 2-313　五菱烧损后的前端

图 2-314　五菱烧损后的轮胎

图 2-315　五菱烧损后的驾驶舱

图 2-316　五菱烧损后的发动机舱

图 2-317　五菱烧损后的 VIN

图 2-318　五菱烧损后的线束

【本案分析】

1）根据发动机及其周边附件的过火程度，如橡胶管、传动带、油底壳、空气滤清器等过火烧毁或烧无，进气歧管、气门室盖过火较轻，说明火势来自发动机下方。

2）根据右前轮铝合金钢圈过火后部分呈熔化状态，说明此处过火强度大，位于车辆下部。

3）车辆火灾前重后轻，着火部位主要集中在发动机下部。燃油供给管布置走向没有发现严重过火现象，说明燃油没有参与助燃，即火灾不是燃油泄漏引起的。

4）全车电缆线过火后线芯裸露，但摆放布置较整齐，且没有发现有熔珠及烧结点。说明火灾不是因电路短路或超负载引起。

5）根据现场照片显示及实际勘验车辆时，发现前悬架附近粘附有一定的草木灰，以及其他部位有少许麦秸。说明火灾事故当时有麦秸参与燃烧。

【本案结论】经对涉火车辆实际勘验和提供资料综合分析后认为，该车辆火灾疑为车辆在行驶中麦秸进入发动机底部，经排气系统烘烤或摩擦引起。

【本案启迪】汽车路过秸秆、野草地带后，最好停车检查车轴上是否缠绕了草，否则，是很容易被烘烤起火的。另外，汽车停放时，也不要停在杂草之上或者垃圾桶旁边，否则，也容易被停放后的高温发动机排气管烘烤起火。

案例 2-46 躲人掉进沟内而引起燃烧的皮卡

【案情简介】驾驶人描述，他驾驶一辆黑豹牌皮卡（车龄 5.5 年），于 11 月中旬某日的 16:10 行驶在北方某城市的郊区道路上，因慌忙躲避横穿马路的路人而不慎掉进了路边的沟里（沟内无水），结果就莫名其妙地起火燃烧了，虽然自己及时打电话报了交警及火警，但还是导致车辆的部分烧损。

经对事故现场以及烧损的车辆检验，发现以下情况：

1）过火部位主要集中在车辆的前部，货厢部分几乎没有过火，全车玻璃均损坏（图 2-319）。左侧轮胎和右侧轮胎尚有部分气压。右前轮胎过火大部分烧损，钢丝裸露。

2）发动机舱盖虽然过火，但其前部中间位置尚有少量油漆的涂层存在，前保险杠右侧大约 1/3 的部分过火烧损，其余 2/3 部分油漆涂层尚存。前牌照没有过火，只有烟熏痕迹。右侧灯光组件过火烧损，但其后端线束绝缘层未完全烧损（图 2-320）。左侧灯光组件过火部分烧损。

3）驾驶室内仪表台总成、座椅及饰件等全部过火烧损（图 2-321）。车顶漆面过火烧损，左侧两车门过火烧损，但左侧前门有少量漆面尚存，右侧两车门过火烧损。

4）发动机舱内过火烧损，右侧烧损程度明显较左侧严重（图 2-322）。右侧前翼子板过火烧损，左侧前翼子板过火漆面部分烧损。散热器、冷凝器过火烧损但没有发生熔化。左侧进水管过火部分烧损，尚有部分没有炭化（图 2-323），左侧铝质进气歧管过火但没有烧损。发动机两侧塑料制品附件均过火烧损，右侧前翼子板下方线束过火，铜线裸露，左侧前翼子板下方线束过火，绝缘层熔化（图 2-324）。

5）在事故中车辆前保险杠右侧杠灯位置被碰撞变形，右前铝合金轮圈被碰撞变形（图 2-325）。车辆底部右侧扭转减振杆后端横梁位置有大量的泥土（图 2-326）。

6）检查全车被烧线束，没有发现电路短路和过载形成的烧结点。

7）出险当日的查勘照片表明，事故现场为较松软的地面，右侧车轮下陷明显，地面上留有明显车轮的压痕，周围杂草及其他杂物较多。

图 2-319　部分烧损的黑豹皮卡

图 2-320　灯光组件后端未完全烧损的线束

图 2-321　烧损后的黑豹皮卡驾驶舱

图 2-322　烧损后的黑豹皮卡发动机舱

图 2-323　部分烧损但未完全炭化的进水管

图 2-324　翼子板下方绝缘层烧损的线束

图 2-325　碰撞变形的前保险杠及铝合金轮圈

图 2-326　扭转减振杆后端横梁

【本案分析】

1）检查全车被烧线束，没有发现电路短路和过载形成的烧结点，由此可以判定起火原因不是因电路短路引起的。

2）事故中前保险杠右侧杠灯位置被碰撞变形，但右侧灯光组件线束绝缘层未完全烧损。由此可知右侧灯光组件位置虽然被撞变形，但是没有造成其电路短路。

3）事故中造成右前轮轮圈被撞变形，说明事故中碰撞力较大。

4）根据出险当日的查勘照片可见，事故现场为较松软的地面，右侧车轮下陷明显，地面上留有明显的车轮压痕，周围杂草及其他杂物较多。勘验时车辆底部右侧扭转减振杆后端横梁位置有大量的泥土。说明车辆发生碰撞后，驾驶人在事故位置试图将车开出而反复移动过，此时因发动机高速运转，排气管温度可达到 600 ~ 800℃甚至更高，而此时的排气管已与地面杂草接触，炽热的排气管将杂草引燃进而形成了火灾。

【本案结论】经对事故现场以及烧损车辆的仔细勘验，结合结构原理进行综合分析，可以认定此次火灾是由炽热排气管将地面杂草引燃而形成的火灾。

【本案启迪】当汽车驶入野草较多的沟底、坡地，或者倾覆在草地之上时，由于汽车无法及时驶出，炽热的排气管就会烘烤四周的野草，进而引发火灾，部分甚至全部烧损汽车。由于汽车驶入或者倾覆进了沟底、坡地，因而这种案例的特征一般不会导致汽车全部烧损，部分烧损的可能性比较大。

案例 2-47 车轮被卡住而引起燃烧的本田奥德赛商务车

【案情简要】报案称，一辆车龄不足 1 年的广州本田奥德赛 HG64801 商务车，于 10 月 5 日秋收季节的 16:00 左右，行驶至一农村田间路段时，因路况差而导致车轮被卡在沟里，驾驶人下车检查时发现车辆的后部起火，导致全车烧损报废。

对于此案件，保险公司起初认为车辆没有发生比较严重的碰撞，车身几乎没有变形，不可能引起该车的起火，认为存在道德风险，遂委托鉴定机构进行技术鉴定。

技术鉴定机构的鉴定人员勘验发现：

1）根据保险公司提供的现场照片，可发现奥德赛行驶在农村松软的土质路面上，路面状况较差。起火之后的车辆四周存在大量的尚未完全燃烧的玉米秸秆（图 2-327、图 2-328）。

2）该车整车全部过火，车身表面严重烧损。四轮铝合金轮圈内侧轮辐被烧熔化，车上所有玻璃均被熔化（图 2-329）。

3）该车车厢内的座椅、仪表台、饰板、蒸发箱、暖风水箱等均被烧损（图 2-330），检查驾驶室内电路裸露未见短路烧结点（图 2-331）。

4）发动机舱内电路裸露，未见短路烧结点（图 2-332）。两前纵梁、发动机前横梁、元宝梁过火严重。发动机周围附件被烧损。发动机气门室盖只有左右两侧极少部分熔化，整体变形不明显（图 2-333）。

5）发动机下部烧损程度较上部严重，进气歧管下部熔化，机舱后挡板下部有严重过火变色痕迹，后挡板上半部呈黑色（图 2-334）。

图 2-327 行驶在松软路面起火的奥德赛

图 2-328 烧损车辆四周未燃尽的玉米秸秆

图 2-329 车身表面严重烧损的奥德赛

图 2-330 烧损的驾驶室

图 2-331 驾驶室内未见短路烧结点的电路

图 2-332 烧损的发动机舱

图 2-333 变形不大的气门室盖

图 2-334 部分熔化的进气歧管

【本案分析】

1）因车辆四轮铝合金轮圈内侧轮辐被熔化，且前横梁、元宝梁过火严重，发动机气门盖只有左右两侧极少部分熔化，发动机下部过火严重，后挡板下部有严重的过火痕迹，说明着火点位置较低，应该是在发动机的下部。

2）因该车行驶在农村松软的土质路面上，且路面状况较差，所以出险前的车辆应该是在发动机转速较高的低档下运行。

3）由于当时车速较低，车辆迎面风的冷却效果较差，导致了发动机排气系统的温度较高。车辆被卡在有大量玉米秸秆的松软路面上之后，造成炽热的排气管对玉米秸秆产生烘烤作用并引起燃烧。

【本案结论】该车是由于被松软的土质路面卡住后，高温的排气管将玉米秸烘烤而引起的着火事故。

【本案启迪】频繁发生的汽车因故无法行驶而车底之下有秸秆引燃车辆的事故，一再提醒驾驶人：

不要轻易行驶在有可能陷住车轮的铺满秸秆的路面上！

一旦车辆被陷住，应该及时设法让汽车驶出！

如果车辆无法驶出，尽可能及时将车底的易燃秸秆拿出，避免引起起火事故。

案例 2-48 排气管三元催化转化器烘烤玉米秸而起火烧损的日产骊威轿车

【案情简要】报案称，一辆车龄 2 年多的东风日产骊威，于 4 月 17 日 16:40 左右在一条县乡道路上行驶时，在一路口因躲避横穿马路的摩托车而冲入路边沟内。驶入沟内不久，驾驶人发现车底开始冒烟、起火，虽经全力扑救，还是造成了极为严重的车损。

经现场查勘得知：

1）事发现场为县乡公路的一个十字路口处，事故车辆的头部已经冲入了路边的沟内，两个前轮也已深陷于玉米秸中，车后部悬在路肩上方，车底中部被路肩托住，车辆周围有已经被烧的玉米秸（图 2–335）。

2）该车除左后部有少部分漆面外，其余部分全部过火，左右前翼子板、发动机舱盖呈白色，过火痕迹由前向后逐渐减轻。两前轮胎只剩半圈橡胶轮胎，左后轮胎完整且有气压，右后轮被火熏烤。前照灯组件、前后风窗玻璃均被烧熔化（图 2–336、图 2–337）。

3）驾驶室内仪表台面、座椅，所有内饰件、塑料件全部烧无，只剩金属骨架，未见短路烧结电路（图 2–338）。

4）前保险杠骨架在距左侧 350mm 处有一个宽度为 100mm 左右的凹坑，散热器下框架的中间部位向上弯曲（图 2–339）。

5）车底面的前部被烧得较为严重，前桥底面中间变色最为严重，呈粉红色。排气歧管三元催化转化器与消声器之间仍粘有大量的燃烧之后的玉米秸灰，通过对车辆底部油管的检查，未发现任何破损处（图 2–340、图 2–341）。

6）发动机舱内所有机件全部过火，机舱后挡板中部被烧痕迹最为严重，已呈白色或红褐色。发电机和空调压缩机壳的下半部分被烧熔化（图 2–342）。

图 2–335 起火事故现场

图 2–336 骊威被烧之后的前部

图 2–337 骊威被烧之后的后部

图 2–338 骊威被烧之后的驾驶室

图 2-339 前保险杠骨架的凹坑

图 2-340 前部呈粉红色的车底

图 2-341 沾有玉米秸灰的车底

图 2-342 骊威被烧之后的发动机舱

【本案分析】

1）事发现场轿车进入路沟内，沟内有较厚的玉米秸，两前轮轮胎有半圈未烧损，是由于前轮下半部已深陷玉米秸中因缺氧而形成的。车底中部被路肩托住，那么排气歧管前段部分一定与干燥的玉米秸接触。

2）该车除左后角处有少量漆面外，其余全部过火燃烧，燃烧程度自前向后逐渐减轻，发动机舱盖、左右前翼子板呈白色，可见起火部位位于车头部位。

3）前保险杠骨架在距左侧 350mm 处有一处凹陷，但是此处既无电路也无油路，即使受到路边的水泥柱撞击也不会引起着火。

4）经对底部的供油管路检查未见破裂，可以排除油管破裂漏油的可能。

5）车底前部被烧严重，前桥下底面中间变色最为严重，已呈粉红色，该处紧靠排气管三元催化转化器。排气管三元催化转化器与消声器之间粘有大量的玉米秸灰，说明三元催化转化器确与玉米秸接触在一起，因此炽热的三元催化转化器将玉米秸烘烤导致形成火源。

6）发动机舱后挡板中间呈白粉色，该位置正处在排气管的三元催化转化器的上方，只有机舱后挡板中间下部的火焰烧烤才能形成如此状况。

7）发电机、空调压缩机壳的下半部分熔化，也证明由发动机下部的火焰燃烧所致，火源不是来自于发动机本身。

【本案结论】该车是由于因故而不慎驶入沟内后，炽热的排气管三元催化转化器将玉米秸烘烤而形成火源，导致火灾事故的发生。

【本案启迪】

1）车辆因故停在了秸秆、野草之上时，炽热的排气管烘烤易燃物而导致起火，是很可能发生的事故。

2）判断这类事故是否可能存在道德风险，主要应该从事发地点、事发时间、事发时车辆的使用年限、车主的经营状况等角度去分析。

案例 2-49 拖地碰撞引发起火烧损的解放牌厢式载货汽车

【案情简介】报案称，一辆车龄 2 年的解放牌厢式载货汽车，于 6 月 12 日 16:35 行驶在一段县乡道路上时（图 2-343），不慎碰撞了一块石头，驾驶人停车查看时，发现底部开始起火，最后导致全车烧毁（图 2-344）。

通过对事故现场及烧损车辆的勘验得知：

1）该车整车烧毁，驾驶室总成、车架等漆层烧尽，铁皮裸露（图 2-345），货厢左侧、后侧及前挡板左侧有部分漆层残留，前保险杠、前中网、灯光组件等塑料件全部烧毁或脱落，所有玻璃烧毁脱落。

2）右侧车轮轮胎大部分烧尽，钢丝裸露，只剩少部分残留（图 2-346）；第一、二、四桥左侧轮胎相对右侧烧损较轻，第三桥左侧轮胎部分烧毁，残留较多，所有轮圈及制动鼓均过火，但没有严重过热现象。

3）发动机周围塑料件及橡胶件全部烧毁或脱落，铝质发电机壳、空调压缩机壳、进气歧管等部分熔化脱落。发动机左侧铝质高压油泵壳体、缸体左侧铝质侧盖没有熔化（图 2-347）。

4）驾驶室内仪表台、内饰、座椅等全部烧毁，全车电路绝缘层大部分烧尽，线芯裸露，未见烧结和熔珠电路。

5）车辆前桥及第二桥均粘附大量的未烧尽的麦秸（图 2-348），发动机油底壳、带轮、钢板弹簧、传动轴等呈白色或褐色。钢板弹簧向下弯曲变形，排气管消声箱底部粘附麦秸灰，周围呈严重烧毁状况。

6）现场照片显示，该车在一有麦秸的路上烧毁。车辆底部及周围有大量麦秸灰和残存麦秸（图 2-349）。车底有一石头，石头上有麦秸灰，石头厚约 22cm，长约 38 cm（图 2-350），但车底碰撞痕迹非常轻微，没有挤压到任何电路或电器件。

图 2-343 道路上起火燃烧的厢式载货汽车

图 2-344 燃烧报废的厢式载货汽车

图 2-345 烧损的厢式载货汽车局部

图 2-346 烧损的厢式载货汽车右侧

图 2-347 烧损的厢式载货汽车发动机

图 2-348 车底缠绕的未烧尽的麦秸

图 2-349 事发现场未烧尽的麦秸草

图 2-350 位于车底且沾附麦秸灰的石头

【本案分析】

1）该车整车过火烧毁，驾驶室总成、车架等漆层烧尽，铁皮裸露；货厢左侧、后侧及前挡板的左侧有部分漆层残留，前保险杠、前中网、灯光组件等塑料件全部烧毁或脱落，所有玻璃烧毁脱落。右侧车轮轮胎大部分烧尽，钢丝裸露，只剩余了少部分的残留，第一、二、四桥左侧轮胎烧损较右侧轻，第三桥轮胎部分烧毁，残留较多，所有轮圈及制动鼓均过火，但没有严重过热现象。说明该车烧损前重后轻，火焰是从前向后传播的，车前部右侧位置应为首先起火位置，且该车着火排除因车轮制动摩擦过热起火的原因。

2）发动机周围塑料件及橡胶件已全部烧毁或脱落，铝质发电机壳、空调压缩机壳，进气歧管等部分熔化脱落，发动机左侧铝质高压油泵壳体没有熔化，缸体左侧铝质侧盖没有熔化，说明发动机左侧烧损相对较轻，该车起火不是燃油供给系统首先起火。

3）驾驶室内仪表台、内饰、座椅等全部烧毁，全车电路绝缘层大部分烧尽，线芯裸露，没有烧结和熔珠。说明该车起火不是电路短路引起的。

4）车辆前桥及第二桥上均粘附大量未烧尽的麦秸，发动机油底壳、带轮、钢板弹簧、传动轴等呈白色或褐色。钢板弹簧向下弯曲变形，位于驾驶室右后下方的排气管消声箱底部粘附麦秸灰，周围呈严重烧毁状况，佐证了是首先由车底起火的。

5）由于该车在有麦秸的路上烧毁，车辆底部及周围有大量麦秸灰和残存的麦秸，车底的石头上有麦秸灰，经勘验该石头厚约 22cm，长约 38 cm。说明该车是在一有较厚麦秸的道路上行驶，行驶中车底部挂到麦秸，造成麦秸堆积，道路上的石头可能与车辆底部碰撞，加剧了麦秸的堆积，而堆积的麦秸被炽热的排气管引燃形成火源，并迅速蔓延直至将车辆引燃烧毁。

【本案结论】厢式载货汽车着火原因可以排除车辆自身原因以及碰撞所致，真实原因是排气管将路上堆积的麦秸引燃造成的。

【本案启迪】车辆行驶于布满秸秆的路段时，不要轻易停车，以免炽热的排气管引燃易燃的秸秆。如果不得不停车查看，一旦发现车底开始冒烟，应该迅速将车驶离，以免车辆被逐渐加剧燃烧的秸秆彻底烧损。本案中，驾驶人所感觉到的“碰撞石头”，与车辆起火没有必然的关系，只是因为加剧了麦秸的堆积而间接诱发了起火。作为保险公司的查勘人员，不能只是感觉碰撞程度轻微，不会引发起火而一相情愿地认为就是“自燃”。

第八节　雷击起火

夏季，许多地方尤其是南方地区往往会雷雨天气连连。在城市里，或许很少有人听说过汽车遭遇雷击的事情，但在郊区这却是很容易发生的事故。

遭遇雷雨天气时，驾驶者应如何正确避免雷击、保护自己和爱车？汽车能否被雷击致损甚至起火呢？这是我们多数读者最为关心的。

一、雷电基本知识

1. 雷电概念

图 2-351 雷电景象

雷电是伴有闪电和雷鸣的一种雄伟壮观而又有点令人生畏的自然放电现象（图 2-351），在多雨的夏季所发生的概率较大。雷电一般产生于对流发展旺盛的积雨云中，因此常伴有强烈的阵风和暴雨，有时还伴有冰雹和龙卷风。

在自然界，为什么会发生雷电现象呢？这是因为云中电荷的分布基本上属于上部以正电荷为主，下部以负电荷为主，因此，云层的上、下部之间就形成了一个电位差。当这个电位差达到一定程度时，就会产生放电现象，从而形成了闪电。

闪电的电压很高，为 1~10 亿 V，最大电流可达 30 万 A。带有电荷的雷云与地面突起物接近时，就会发生激烈的放电现象，出现强烈闪光和爆炸般的轰鸣声。

2. 雷电的主要形式

侵入地面建筑物内，给设备、人畜等造成危害的雷电主要有三种形式：直击雷，感应雷和球形雷，人们最常见到的是直击雷和感应雷。

所谓直击雷，是指直接打击到地面物体上的雷电；所谓感应雷，则是通过雷击目标旁边的金属物等导电体感应，间接打击到地面物体上的雷电；而所谓的球形雷，则是像火球一样，会飘进室内的雷电。

3. 雷电危害

由于有大电流、高电压以及高温作用。在人体遭受雷电击中的一瞬间，电流就会迅速通过人体，重者可导致心跳、呼吸停止，脑组织缺氧而死亡。假如雷电击中地面上的物体，其超高的电压、超大的电流同样会在瞬间造成物体损毁。其中，球形雷对建筑物内的电子电气设备、人畜危害甚大。

2011 年 11 月 05 日 11:20 左右，贵州省一处风景名胜区发生了一次较为严重的雷击事件，导致 30 多人受伤，其中 18 人重伤。

当日，园区内一直在下雨，部分游客攀爬至 2494m 的金顶景区时遭雷击受伤，部分游览设置也被雷击破坏（图 2-346）。

图 2-352 被雷击后的步行台阶护栏

4. 雷击易发生的部位

虽然雷电的破坏性很大，但并非地球上的所有场合都容易被雷电击中。现实生活中，容易被雷电击中的场合有：

缺少避雷设备或避雷设备不合格的高大建筑物、储罐等；

没有良好接地的金属屋顶；潮湿或空旷地区的建筑物、树木等；

由于烟气的导电性，烟囱特别易遭雷击；

建筑物上有无线电设施而又没有避雷器和没有良好接地的地方。

二、雷电对汽车的损伤与预防

1. 雷电对汽车的损伤

雷雨天气里，在露天停放的汽车有可能遭遇到雷击。由于雷电的电压非常高，完全可以在流着雨水的车体与地面之间构成电回路，从而将汽车上的某些零部件彻底击毁，严重者还可能直接引起火灾。

在汽车上，比较容易遭受雷击的部位是顶篷和车轮的金属圈。因为在高速行驶过程中雷电击中汽车后电流会迅速向地面传导。而在潮湿的情况下，雷电流会通过车体表面传到车轴，由于车轮橡胶是非导体，所以雷电流会在车轮金属部分留下电流疤痕；当车轮潮湿时，雷电会通过车轮接地；而车轮干燥或者是敞篷车，雷电就会很大程度地破坏电子系统并危及人身安全。

有人认为，雷电击中汽车后不会造成汽车自身损坏，因为橡胶轮胎是绝缘体，并且很多汽车都有静电接地线，即使雷电击中汽车后，电流也会从静电接地线泻放入地。而事实恰恰相反，很多案例告诉我们，雷电击中汽车后，多数是通过击穿轮胎放电，只有少数通过静电接地放电。因为如果一个闪电可以击穿几千米的空气，那么对于一个不足 0.2m 厚的轮胎而言不会影响到雷电的泻放。这方面的例子并非罕见：

2009 年 8 月的一天，某驾驶人雨中驾驶载货汽车行驶，一声惊雷之后，他所驾之车的 10 个轮胎爆了 9 个。

2011 年 8 月 11 日，江苏省淮安盱眙市的王女士，于下午两时许独自一人在暴雨中驾车至盱眙龙虾城交叉路口时，恰逢红灯亮起。就在她等红灯时，天空突然电闪雷鸣。接着，她明显感觉到自己的车子被雷击中，然后转向盘下方就开始冒烟起火。吓得她赶紧拔掉钥匙，跑出车外，在暴雨中打电话报警。当消防人员到达救援时，虽然天空还在下着滂沱大雨，且不时地出现电闪雷鸣，但这辆起火的轿车整个车身仍被大火与浓烟包围着，两名消防员手中的水枪，也被狂风吹得左右摇晃（图 2-253）。据气象部门介绍，当天下午在本地仅耳能听到的雷声就不少于 50 次。

图 2-253 消防员正对被雷电击中而起火的轿车实施扑救

2. 雷电对驾乘人员的伤害及预防

在雷雨天气，驾乘人员躲在车里可能会更安全，这与法拉第笼的静电屏蔽原理相关。

法拉第笼是一个由金属或者良导体形成的笼子。由于金属的静电等势性，可以有效屏蔽外电场的干扰。法拉第笼无论被加上多高的电压，其内部也不会存在电场。而且由于金属的导电性，即使笼子通过很大的电流，内部物体通过的电流也微乎其微。在面对电磁波时，可以有效地阻止电磁波的进入。

由于法拉第笼的静电屏蔽原理，在汽车中的人是不会被雷击中的。

奔驰公司曾对其出产的一款 CLK 轿车进行过抗雷电冲击的实验（图 2–354）：把汽车放在一个 140 万 V 的高压发生器下面，在全部汽车轮胎的下面铺上金属板，整个测试内容包括测试汽车内部的电子系统、音响系统及车内人员在汽车承受高压冲击时是否安全。经多次高电压脉冲的冲击实验之后，再对汽车的电子系统进行测试，发现车内所有的电子设备在汽车供电正常后均可正常使用，并且车内模拟假人身上所安装的传感器也显示没有电脉冲对其放电。这些现象说明：

在汽车静止状态，雷电流更多情况下是通过轮胎放电的，车内电子系统虽然可能会不同程度地受到影响，但基本可以确保人身安全。当然，该实验没有表明汽车在运动情况下是否也如静止状态一样。

不过，在雷雨天气，如果车门窗有缝隙或小孔的话，一旦遇到球形雷，雷击所形成的火球将通过缝隙或小孔进入车内，有可能导致车辆起火燃烧或车内人员的伤亡，但这种情况极为罕见。

图 2–354 奔驰公司对轿车进行抗雷电冲击实验现场

雷雨天驾车小贴士

▲发现乌云密布，且云团逐渐堆积；收音机内传出刺耳的杂音；车内人员的头发竖起或皮肤发生颤动，预示有可能发生雷电，应尽量减少驾车出行。

▲电闪雷鸣之时，驾驶人应立即停车，尤其不能高速行驶。

▲躲避雷雨时应留在车内，千万不要下车避雨。

▲不要把车停靠在大树下、山顶、高大建筑物、变压器、电线杆或大型广告牌旁。

▲在车内躲避雷雨时，车窗要全部关紧，不要把肢体伸出车外。

▲尽量避免使用车内电子设备，以免造成损坏。

▲收音机天线会吸收闪电，最好收起来，暂时关闭汽车音响。

▲雷雨天气时在车内尽量不要使用手机。

▲停车时要靠边并开启危险警告灯，以引起后方车辆的注意。

案例 2-50 被雷击起火的天马越野车

【案情简介】一辆挂牌时间只有5个多月的天马牌越野车，车主于8月9日晚上下班后停放于华北某市一单位宿舍院内相对空旷的地段，当晚乌云密布，晚上还下起了雨。凌晨1时许，有人看到外面起火了，经观察就是该天马牌越野车起火。该车的起火燃烧事故，导致了车辆的前部、风窗玻璃、仪表台等部位严重损失，但令人奇怪的是周边的几辆汽车毫发无损，本车的后部也几乎没有任何损失。

经现场查勘、相关信息查找得知：

1）据当地媒体援引气象部门的消息报道：作为雷雨季节的夏季，在8月9日晚7点至10日下午1点，该市市区遭受过近4000次程度不等的雷电袭击，局部地区有较大的降雨量，属于该地区雷电、风雨比较密集的天气。

2）在车辆起火部位所对应的地面上，没有发现任何外来易燃物品被人点燃燃烧之后留下的痕迹。

3）从受损车辆总体来看，车的后部几乎没有烧损，而车的前部及驾驶室、仪表台则燃烧严重，发动机舱盖以及前边的左、右两个翼子板均被烧损，左侧翼子板比右侧翼子板燃烧程度明显严重（图 2-355 ～图 2-358）。

4）左前翼子板、发动机舱盖左前部位有几处较为光亮的痕迹（图 2-359、图 2-360）。

5）左前轮胎烧损严重，右前轮胎烧损则较轻，左前车轮轮圈最小离地处有较为明显的金属淌流形成的痕迹（图 2-361、图 2-362）。

6）打开发动机舱盖观察可以发现，发动机左侧的燃烧程度严重，进气歧管、制动主缸、离合器总泵等均已熔化，而发动机的右侧，除蓄电池损坏相对较重之外，其他零部件的损坏程度均较轻（图 2-363、图 2-364）。

7）车辆停放规矩，车主没有与他人发生过任何纠纷，该车购置使用了5个月，从未发生过被人恶意损伤的事情。

8）车辆四周的其他几辆汽车毫发无损。

9）车辆停放地很空旷，四周没有任何建筑物，所停放的为数不多的几辆车相距很远。

10）在车辆停放地的地面上，没有发现任何燃烧物燃烧后留下的痕迹。

图 2-355 烧损车辆的前端

图 2-356 烧损车辆的后端

图 2-357 烧损车辆的驾驶室

图 2-358 烧损车辆的前右翼子板

图 2-359 烧损车辆的左前翼子板（1）

图 2-360 烧损车辆的左前翼子板（2）

图 2-361 烧损车辆的左前轮

图 2-362 烧损车辆的左前轮轮毂

图 2-363 烧损车辆的发动机舱（1）

图 2-364 烧损车辆的发动机舱（2）

【本案分析】

1）从该车过火部位和过火程度来看，由于车辆前部被烧而后部无恙，且前部车轮烧损严重，所以，火灾中心应该位于车头部位的左侧。

2）车辆停放规矩，车主没有与他人发生过任何纠纷；车辆四周的其他几辆汽车毫发无损；在车辆起火部位所对应的地面上，没有发现任何外来易燃物品被人点燃燃烧之后留下的痕迹。这些迹象说明，该车不存在被人纵火焚烧的可能性。

3）由于发动机舱内的进气歧管、制动主缸、离合器总泵等均被高温熔化，结合发动机舱盖的左前部、左前翼子板上留下的罕见的光亮痕迹，以及左前轮辋上十分明显的金属淌流痕迹，均可说明事发时车体遭受过强电流的冲击，从而形成了电弧对车体裸露金属部分的灼伤。

4）雷击的电弧引燃了左前轮的轮胎，造成了车辆前部的局部火灾。不过，由于当时正在下雨，所以，雨水浇灭了正在燃烧的车体之火。

【本案结论】经实车勘验、走访调查、综合分析可知：该车的火灾损失系遭遇雷电袭击所致。

【本案启迪】

1）雷电袭击导致汽车起火的案例很少，原因主要在于汽车的金属绝缘体在多数情况下可以作为导体传导电流。

2）假如雷击没有导致汽车整体的起火被烧，只是车上的个别电子器件被击穿损坏，车主以及保险公司未必知道车辆的损失系雷击所致，会误认为是零部件的质量问题，或者是使用日久所导致的损坏。

3）本案中，汽车遭遇雷击之后在车体上留下的明显的灼亮痕迹（图 2-353、图 2-354），无任何理由可以解释这是雷击之外所造成的损失，这给该车的被雷击起火烧毁留下了强有力的证据。

第三章 汽车起火的预防与施救

为避免汽车起火燃烧，驾驶人在用车过程中，一定要做到如下几点：

第一，要认真维护、保养好车辆。

第二，经常检查并及时排除“漏电”“漏油”故障，确保电路、油路安全。

第三，按照安全规程的要求去操作汽车。

第四，停车时远离“火源”或“自燃”的环境。

第五，出现险情时及时施救，以便排除所有令汽车起火燃烧的可能性。

第一节 汽车起火的预防

一、不要随意改装车辆

目前，中国的私家车保有量越来越多，作为自己私人财产的汽车，有不少车主喜欢对爱车进行改装。

但是，车主应该注意：切不可轻易改装汽车，尤其是不要轻易改装汽车的电路部分！

汽车的电路，在设计时往往都是经过了严格的功率设计与实验，不能轻易增加其负荷，以免由于电负荷过大而导致失火。

如果车主一定要更改汽车的电路部分，一般应注意以下几个要点：

1）选择专业的汽车维修厂去进行适当改装，不能为了贪图便宜自行选择一些没有资质的小修理厂去改装（图3-1）。

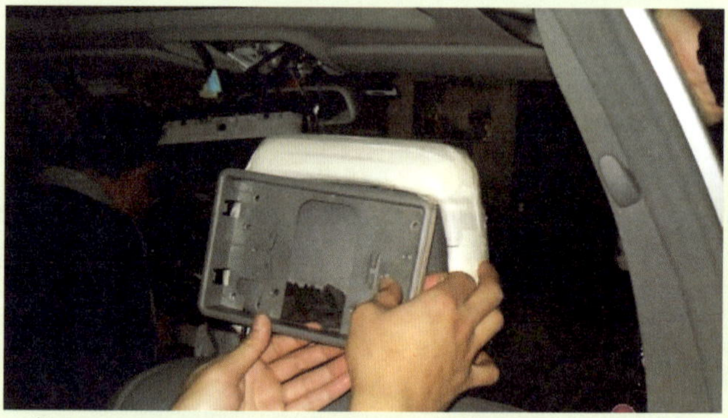

图 3-1 不规范的汽车改装

2）电路连接要正确。不能随意使用黑胶布缠绕接线处，不能虚接，并用锡焊焊接，以防止接线处电阻过大导致电路过热，烧毁外皮引起火灾。

3）注意线材直径的选择。电器中都会标有正确线径的大小，不能以细线代替粗线，否则同样会因电流变大导致电路过热而烧毁外皮。

4）注意电路取源。严格执行从总电源处取电的原则，这样可以保证电路初端设有熔丝，防止恶性失火事件的发生。

5）根据所选电器的额定电流选择熔丝。车上导线及用电设备的“保护神”就是熔丝（图 3–2），一旦导线或用电设备发生了短路，瞬间产生大电流时熔丝会迅速熔断，从而使电路断开。如果熔丝额定电流太小，如有人图方便用铜线代替标准熔丝，会导致丧失保护功能，就有可能使导线短路酿成火灾。

图 3–2 熔丝盒

（6）车内装饰材料最好选择具备防火性能的，这样，即使汽车不慎发生了火灾，火势也不容易蔓延。

二、认真做好日常检查

1）保持发动机舱整洁。避免在缸体、缸盖等处积聚大量的油垢、油污，导致高温挥发和形成火灾的隐患（图 3–3）。

2）定期检查汽车上的各种用电设备的插头是否存在松动、脱落的隐患。特别需要注意的是检查点火开关、蓄电池、起动继电器、电动机等大电流电器件的接线柱、导线的连接、绝缘是否可靠。

图 3–3 定期检查发动机舱

3）经常检查发动机、底盘是否漏油，特别注意燃油管、制动液油管和动力转向油管的密封性，如发现渗漏要及时处理。特别是在夏季来临时，应对油路进行一两次常规检测，如果发现有漏油问题一定要及时维修。油路中的胶管两头是最容易老化裂开的，如使用时间过长应当听从维修服务站的意见及时更换。

4）经常检查车架、油箱、化油器、坐垫以及油漆件、易燃物周围的导线、插接头、开关、线夹等是否有“破皮”“漏电”现象的发生，坚决杜绝出现各种形式的导线短路。对于车龄 5 年以上的“老龄车”以及发生过重大事故的汽车，更应该定期去做“清电路、排故障”的全面检查。

三、按照规章操作汽车

1）驾驶人平时尽量不要在行李舱中存放汽油、柴油等易燃品，以避免汽车被追尾撞击时起火燃烧。

2）驾驶室内的仪表台上尽量不要长时间地放置气体打火机、清新剂、灭蚊剂、香水、摩丝等容易诱发火灾的危险品，以免汽车被阳光暴晒时引起起火；也不要在行李舱内放置摩丝、表板蜡等易燃物品。

3）车辆开始行驶前，要认真进行检查，保证车况良好。

4）装载时尽量不超载，行驶时更是不要超速；要合理、牢靠、规范地装载、运输货物，尤其是危险品。

5）夏季长途行驶 2 ~ 3h 后，要让汽车休息 0.5h 左右，打开车舱盖，看看液面，让汽车在原地散热一会。

6）避免汽车停驶后长时间地开启着点火开关。

7）不要经常采用“吊火”的方法查验发动机点火系统的故障，以免不慎点燃了滴落的汽油，引发火灾。

8）在任何情况下，驾驶人都不能采用人工直接供油的方式向发动机供油；冬季不能使用明火烘烤油箱。

9）行车过程中密切注意是否有胶皮煳味或冒烟等异常现象，一旦发现立即停车处理，自己无法排除时，应靠边停车，等待专业救援，切忌自己动手乱操作。

10）保养汽油滤清器时不要用汽油烧滤清器内芯，以免引发火灾并影响滤芯寿命。

11）不要在车内乱扔未熄灭的烟头，最好不要在汽车内尤其是开车时吸烟（图 3–4），以防“引火自焚”。

图 3–4 一边开车一边吸烟的驾驶人

四、合理停放所驾汽车

在夏秋季节，驾驶人停车时，需要注意以下几点：

1）注意车底是否有易燃物，比如干草等。主要原因是由于行车后三元催化转化器温度较高（在 300 ~ 400℃，夏季更高，甚至可将整个装置烧红）。这样，如果车底有易燃物，容易引燃车辆。

2）夏季尽量不要将车长时间地停放在被太阳暴晒的地方。

3）不要将易燃物品如气体打火机、空气清新剂、香水、摩丝等放在车内容易被太阳光线照射的部位，如仪表板上。

五、随车携带灭火工具

为了及时应对可能出现的突发火灾，驾驶人应该随车携带灭火器，并且学会正确、合理的使用方法。

1）车载灭火器类型。灭火器的容积最好在 1L 以上，否则很难扑灭较大的火势，迷你型灭火器中看不中用。目前，车载灭火器市场主要有三种产品：干粉灭火器、二氧化碳灭火器和水系灭火器（图 3–5）。

①干粉灭火器的灭火机理为化学抑制法，它可以阻断汽车火焰燃烧的链式反应，灭火级别高、功能全，灭火迅速，具有电绝缘性能和较好的低温使用性能，特别适宜在工厂企业、仓储和室外配置使用。不足之处在于：干粉灭火剂不抗复燃，特别是扑灭油类（B类火）火灾时，使用者须经过专门的技术培训；在使用干粉灭火器时，特别在室内使用时，会刺激人的呼吸道；干粉灭火器在建筑物内使用时，细微的粉尘充斥整个空间，造成严重的二次污染。

a）干粉灭火器　　b）二氧化碳灭火器　　c）水系灭火器

图 3–5　灭火器类型

②二氧化碳灭火器灭火机理为窒息，通过降低燃烧物周围空气氧浓度来实施灭火。二氧化碳作为灭火剂，具有电绝缘性能，特别适用于金库、文档资料馆等灭火后不允许有任何污染和损失的场所使用。但是，其不足之处在于：灭火浓度高，故灭火级别低，宜在相对密闭的空间使用。抗复燃能力差。二氧化碳是一种中等毒性的物质，当二氧化碳在空气中的体积分数达到 2％时，会使人产生不愉快感；当体积分数达到 7％ ~ 9％时，就会造成呼吸困难，呕吐，感觉麻木，神志混乱；当体积分数达到 10％时，人在此环境中停留 1min，就会失去知觉。而当使用二氧化碳灭火器时，其局部浓度大大超过这一浓度。

③水系灭火器灭火机理是冷却和隔离，具有灭火级别高，使用时水渍损失小，既无干粉的次生污染，又无二氧化碳的毒性。

2）车载灭火器的存放。车载灭火器一定要随车携带，驾驶人要事先掌握其正确的使用方法，熟知其所在位置，以免汽车起火后因寻找灭火器或回忆使用方法而错过和延误了最佳灭火时机。

灭火器的正确存放位置应该是在驾驶人座椅的下面，一般驾驶人停车、下车、拿取灭火器的时间应该在 2 ~ 3s。

3）灭火器的定期更换。如果是干粉灭火器，最好每年去当地消防器材商店检查一次，检查干粉粉剂是否结块、提供喷射动力的内置氮气瓶压力是否下降等。

六、汽车漏油的应急策略

如果在汽车行驶之中，驾驶人发现油箱漏油，可以采取一些应急的处理方法进行处理，以免起火燃烧。

1）油箱损伤。若在使用汽车过程中发现油箱漏油，可将漏油处擦干净，用肥皂或泡泡糖涂在漏油处，暂时堵塞。

2）油管破裂。油管破裂时可将破裂处擦干净，涂上肥皂，用布条或胶布缠绕在油管破裂处，并用铁丝捆紧，然后再涂上一层肥皂。

3）油管折断。油管若不慎折断，可找一根与油管直径相适应的胶皮或塑料管套接。如套接不够紧密，两端再用铁丝捆紧，防止漏油。

4）油管接头漏油。如果发动机油管接头处漏油，一般是油管喇叭口与油管螺母不密封所致。可用棉纱缠绕于喇叭口下缘，再将油管螺母与油管接头拧紧；还可将泡泡糖或麦芽糖嚼成糊状，涂在油管螺母座口，待其干凝后可起密封作用。也可将人造革或皮裤带剪成形或放入孔中砸成形，安上即可，还可用一截塑料管剪开成形安上。

七、购买自燃损失险

目前，各保险公司均推出了作为车辆损失险附加险种的自燃损失险，一旦汽车不幸发生了自燃，保险公司可按照合同的约定对被保险人进行赔付。这对规避汽车的自燃风险，是十分有利的。

对于5年以上车龄的汽车，车主最好购买“自燃损失险”，因为随着车龄的增加，电路出现老化会为汽车自燃埋下隐患。当然，如果保险公司的车辆损失险中已经包括了自燃损失险的话，或者可以赠送的话，则另当别论。

然而，令人遗憾的是，许多车主往往忽视了这一险种，私家车主投保“自燃险”的更是微乎其微。某保险公司理赔部的统计表明，在他们接到过的许多自燃险的报案申请中，发生理赔的很少，因为这些车主并没有投保自燃险险种。

“自燃损失险”规定，以下几种情况属于责任免除的范围：

第一，被保险人在使用保险车辆过程中，因人工直接供油、高温烘烤等违反车辆安全操作规则造成的损失。

第二，因自燃仅造成电器、电路、油路、供油系统、供气系统的损失。

第三，车辆所载货物自身的损失。

第四，由于擅自改装、加装电器及设备导致保险机动车起火造成的损失。

第二节　汽车起火后的施救

虽然汽车火灾有多种形式，但其他形式的起火往往是不可控制或者比较容易发现的，唯独汽车的自燃不易察觉。

1. 自我察觉汽车自燃

汽车自燃一般都有一个过程，如果是车前的发动机起火，开始时可能仪表台会冒黑烟、有焦煳味，并伴随有异响、串火苗等，但在车前部一般是看不到的。如果驾驶人开着空调，在起火初期就可以闻到发动机舱内的焦煳味。如果是汽车尾部的行李舱起火，应该可以通过车窗及后视镜看到烟雾。

2. 正确处理汽车起火

在行车过程中一旦出现火灾迹象，应注意做好以下几点：

1）确认汽车起火以后，驾乘人员应头脑清醒，切忌惊慌失措。很多车主担心车辆自燃会发生爆炸，其实这种担心是多余的，汽车自燃并不会导致油箱的爆炸。驾驶人应该将车停靠路边后，取出灭火器，确认起火部位，实施扑灭作业（图 3–6）。

2）火灾发生后，最重要的是驾乘人员的生命安全，要在保障自身安全的前提下，尽快报警，并尽量利用车载灭火器或其他灭火条件作初期扑救，严禁采用浇水灭火的方法（图 3–7），切忌惊慌失措。

图 3–6 灭火器扑灭汽车起火

3）准备灭火时，要记住切不可马上打开发动机舱盖，无论是前置发动机，还是后置发动机，无论是柴油机，还是汽油机。因为此时火势仍然控制在发动机舱盖下燃烧，没有形成热对流，可燃物也相对不多，火势燃烧较为缓慢，对扑救有利，这与“先控制、后消灭”的消防灭火作战原则异曲同工。

图 3–7 不恰当的汽车火灾扑灭法

4）灭火时，如有可能，可用随车灭火器，由发动机舱盖的缝隙处，对准起火部位喷射灭火，如果慌乱之中胡乱喷射，往往不容易将火扑灭。如果两人协同灭火，可由一人手持灭火器，另一人打开车盖，在车盖打开的一刹那，对准起火部位猛喷。如果只有驾驶人一人灭火，应该一手持灭火器，一手去开车盖，车盖打开后迅速喷射；或者将灭火器放在身边，待车盖打开后立即拿起来喷射。

5）有些发动机舱盖开启时需要把手探到里面打开锁销，所以，失火时应戴好手套，以免烫伤手；为防开启舱盖不熟练，建议平时多加练习。

6）如果汽车火灾的火势较大，车上自带的灭火器不够用时，可借用往来车辆上的灭火器或用沙土泼救。

7）若火势危及到车载易燃物时，应先将其卸下，如果是车载货物着了火，也应先把货物卸下扑救。

8）油料着火时，严禁泼水扑救，但酒精、酒类着火时，可用水泼救。

9）救火时，要防止施救人员不慎烧伤；不要在灭火的同时张口喊叫，以免烟火呛伤呼吸道。

10）当驾驶人和乘车人员衣服被火烧着时，如时间允许，可以迅速脱下衣服，用脚将衣服上的火踩灭，如果所穿的是化纤衣服，更应该及时脱下；如果来不及扑灭，乘客之间可以用衣物拍打或用衣物覆盖火势以窒息灭火或就地打滚滚灭衣物上的火焰。

11）如载货汽车的车厢起火，应将汽车驶离重点要害部位停下，如火势一时扑灭不了，应劝围观群众远离现场，以免造成无辜群众伤亡，使灾害扩大。

12）如果汽车是在通过晾晒农作物的公路时，因汽车喷火或麦（稻）草缠上转动轴摩擦引起火灾，除直接灭火外，可将公路上的可燃物清除一部分，开辟防火隔离带，以阻止火势进一步蔓延。

13）当公交车发生火灾时，由于车上乘客较多，需要驾驶人特别冷静果断，首先考虑到救人和报警，然后视着火的具体部位而确定正确逃生和扑救方法：如果着火的部位是发动机，驾驶人应开启所有车门让乘客下车后再组织扑救火灾；如果着火的部位在汽车中间，驾驶人开启车门后，乘客应从两头车门下车，驾驶人和乘车人员再扑救火灾、控制火势；如果车上的电路被烧坏，车门开启不了，乘客可从就近的窗户下车；如果火焰封住了车门，车窗因人多不易下去，可用衣物蒙住头从车门处冲出去。

14）当汽车在停车场内发生火灾时，一般应视着火车辆的所处位置，采取正确的扑救、疏散措施，以免引燃周围的车辆（图3-8）；如果着火的汽车在停车场中间，应在扑救火灾的同时，组织人员疏散周围停放的车辆；如果着火汽车在停车场的一边，应在扑救火灾的同时，组织疏散与着火汽车相连的其他车辆。

图3-8 公交停车场被引燃的多辆公交车

15）当汽车在修理过程中发生火灾时，修理人员应马上下车或钻出地沟，并迅速切断外部的电源，用灭火器或其他灭火器材扑灭火焰。

16）如汽车在加油时发生火灾，驾驶人不要惊慌，应马上停止加油，迅速将车开出加油站（库），用随车携带的灭火器或加油站的灭火器以及衣服等将油箱上的火焰扑灭。如果地面有流出的燃料时，应用库区的灭火器或沙土将地面火扑灭。

17）当汽车碰撞起火后，施救人员应首先救人。如果车门没有损坏，应立即打开车门让车上的人员逃出；如果车门打不开，可以砸碎车窗玻璃，及时引导、疏散人员脱险。同时，驾驶人应组织力量冷静果断地扑救，并向 119 报警。如果是油罐车或装运其他可燃、易燃液体的汽车发生火灾时，可用沙土围堵扑盖，阻止带火的液体四处漫流，同时用泡沫或干粉灭火器扑救，使其窒息，停止燃烧；如果地面有流出的燃料燃烧，应设法将着火的车辆拖离危险区，然后将地面和汽车上的火焰扑灭；如果火势已蔓延到整车，应首先扑灭油箱部位的火焰，防止燃烧扩大。

3. 电话报警请求救援

车主必须清楚，灭火器只能用于扑灭初级的火灾，别指望小小的车载灭火器能够扑灭车上的熊熊大火。如果持续了 3min 以上都没能有效灭火，那么此时汽车应该已经是周身起火了，凭驾驶人的一己之力已经难挽局面，必须及时疏散乘客、围观群众或者好心帮忙的非专业消防人士，避免造成无谓的伤害。此时驾驶人应尽快远离现场并及时拨打 119 报警。此时，不要急着抢救车内的财物，要防止被意外烧伤。

参考文献

[1]. 李景芝，赵长利 . 汽车保险理赔 [M].2 版 . 北京：国防工业出版社， 2012.

[2]. 刘振刚 . 汽车火灾原因调查 [M]. 天津：天津科学技术出版社，2008.

[3]. 公安部消防局 . 中国消防手册（第八卷）：火灾调查 [M]. 上海：上海科学技术出版社，2006.

[4]. 边焕鹤 . 汽车电器与电子设备 [M]. 北京：人民交通出版社，2002.

[5]. 冯晋祥 . 汽车构造 [M]. 北京：人民交通出版社，2011.